D1722959

RETO STAMPFLI

JOSEFINE UND DAS MEER

ROMAN

Für Monika, die mir Heimat bedeutet.

«Behaltet, alte Küsten, euren Schein»,
ruft sie stumm. «Gebt mir nur eure Armen,
Entwurzelten, voll Sehnsucht, frei zu sein,

die Seelen, die eure Ufer flohen.
Jener Schwachen will ich mich erbarmen.
An dem gold'nen Tor soll mein Licht lohen!»

Aus dem Gedicht «The New Colossus» (1883) von Emma Lazarus,
eingraviert im Innern des Podests der Freiheitsstatue in New York

Sie kommen und gehen.
Flüchtig nur
trägt eine Scholle
ihre Spur.

Ihres Wandelns
Begebenheit
verweht
der Sturm der Zeit.

Ernst Zahn (1867–1952)
Urner Dichter und Bahnhofrestaurateur in Göschenen

QUELLE

Alles hat seine Zeit. Es herrscht ein stetes Kommen und Gehen – Tage zerrinnen, Monate, Jahre, das Leben. Der Mensch zieht seine Bahn; doch Anfang und Ende bleiben ihm ein Geheimnis. Einzig die Natur, nur sie scheint in diesem unerbittlichen Lauf bestehen zu können. Der Gegenwart entrissen, geformt in Jahrmillionen, der Vergänglichkeit abgerungen, vermitteln Berge, Täler und Gewässer einen tröstlichen Anschein von Beständigkeit.

An seiner Quelle pocht tief im Urgestein das ewig junge Herz des alten Kontinents. Seine Adern formen ein riesiges Geflecht – geborgen in Gneis und Granit –, das unerschöpflich wirkt in seiner nährenden Kraft. Aus ihrer erhabenen Wiege, dort, wo sich Nord und Süd eine wetternarbige Verbindung schaffen, stossen Rinnsale aus den Felsnischen hervor. Ein immer frisches Netz, schäumende Bäche, die eisgrau durch Furchen und Spalten vom Gotthard herabfliessen, um sich in Hospental, in der brachen Talmulde zu Urseren, mit der Furkareuss zu paaren.

Kurz nach Andermatt, gestärkt durch den Schub der Unteralpreuss, brandet das junge Gewässer gegen die Felsen der Schöllenenschlucht. Es stürzt sich, vorbei an Urnerloch und Teufelsbrücke, in den Abgrund hinab. Beengt durch die unüberwindbaren Schrofen beginnt das bedrängte Element zu brodeln, zu stieben, zu toben – und kommt dennoch nicht frei. Ungestüm, Geröll und Holz mit sich zerrend, erreicht der tosende Schwall, der gierig am Säumerweg leckt, die ehemalige Zollstätte Göschenen.

Hier berauscht sich die Flut an den Bächen von der Göschener-alp und aus dem Riental, um sich schon nach wenigen Keh-ren mit der Meienreuss zu mehren. Miststockgrosse Grasnar-ben, verflochtenes Buschwerk, Bäume samt Wurzeln und ge-legentlich verirrtes Vieh reisst der angeschwollene Fluss mit sich. Vorbei an den geduckten Häusern von Wassen, den be-scheidenen Heimwesen von Gurtnellen, genährt vom Gorner-bach, Fellibach, Intschialpbach, Leitschachbach und vom Chärstelenbach, ergiesst sich die milchige Wassermasse, nach einem wuchtigen Bogen bei Amsteg, ungehindert in das ein-gekesselte Unterland.

Erst jetzt folgt die Reuss einer festen Bahn. Sie rauscht an Dör-fern, Wäldern, Wiesen und Felsbrocken vorbei. Unaufhörlich schiebt der schäumende Teppich Geröll durch den Talgrund, bis er zum Damm in Flüelen gelangt. Der Fluss, der nie sein fernes Ziel erreicht, umspült das Schilfgehölz, während er sich mit den Wellen des Urnersees vereint.

1

Am Abend vor Sankt Barnabas brach der Föhn zusammen. Riesige Wolkengebirge drohten die Landschaft rund um den Hauptort Altdorf zu erdrücken. Auf einen Schlag erstarrte die sommerwarme Luft. Die Tannen standen regungslos in den steilen Hängen, hielten den Atem an, bis eine gewaltige Faust den schweren Himmel in Stücke schlug. Eine undurchlässige Regenwand verschlang das verbliebene Tageslicht; Wasser peitschte auf Felder, Strassen und Dächer ein. Bäche und Flüsse schwollen an und die Reuss zerrte alles mit, was sich ihr in den Weg zu stellen wagte. Ein Donnergrollen nach dem anderen wälzte sich durch die Talschaften, wo die verängstigten Menschen in ihren Häusern und Hütten Schutz suchten. Das erloschene Firmament legte seine graue Last auf Menschen und Tiere.

Josefine schnellte in ihrem Bett hoch; die grobe Wolldecke glitt zu Boden. Schlimmer als jeder Donnerschlag erschütterte sie das Echo, das krachend die Seitentäler erzittern liess. Ein Windstoss warf Regentropfen gegen die Fensterläden. Die junge Frau starrte in die zerfetzte Dunkelheit. Das Nachthemd klebte an ihrem feingliedrigen Körper. Sie zitterte und lauschte den unheilvollen Geräuschen des Unwetters, das wütend die Sommernacht malträtierte. Sie faltete ihre Hände und flehte: «Jesus, der für uns Blut geschwitzt hat – Jesus, der für uns das schwere Kreuz getragen hat – Jesus, der für uns gestorben ist; bitte, bitte, hilf uns in dieser grossen Not.»

Ihr Flehen endete abrupt, als aus dem nahen Stall das Trampeln der Kühe zu vernehmen war. Josefine fühlte sich hilflos und verlassen. *Mammä, Mammä,* flüsterte sie und vergrub ihr Gesicht im Kopfkissen. Lichtfetzen schossen durch die karge Kammer. Es hallte bedrohlich von den Berghängen; ein Knall, wie die mit voller Wucht ausgeführten Streiche der *Geisslechlepfer* auf der Gant, jene harten Peitschenschläge der jungen Burschen, die Josefine am Viehmarkt auf dem Lehn zu Altdorf im Frühjahr zusammenfahren liessen. «Aufhören, es soll endlich aufhören!» Sie hoffte, dass nicht wie im vergangenen Jahr Tod und Verderben über ihre Heimat hereinbrechen würden. Es durfte – um Gottesgnaden willen – einfach nicht sein, dass die leidgeprüften Menschen von Uri schon wieder um ihr Hab und Gut fürchten mussten.

«Wenn Barnabas bringt Regen, so gibt es Traubensegen», hatte ihr Vater Giuseppe beim Mittagessen frohgemut verlauten lassen. Er, der ursprünglich aus dem Tessin stammte – aus einer Gegend, in der die Trauben in den sonnigen Hängen prächtig heranreifen – kannte zu jeder Lebens- und Wetterlage einen passenden Spruch. «Regen... Segen... Regen», rumorte es in ihrem Kopf, denn Josefine liebte eigentlich den Regen, wenn er weich auf die Felder fiel, an den Bäumen kratzte und auf die Wege sprühte; ein sommerlicher Platzregen, dessen Herannahen man riechen konnte – das wirkte wie eine fröhliche Melodie. Doch der grauenhafte Lärm dieser stürmischen Nacht beschwor bei Josefine dunkle Erinnerungen an das Vorjahr herauf: Im Juni 1910 war der Kanton Uri, nach tagelangem Starkregen, von einem verheerenden Hochwasser heimgesucht worden. Die Fluten der Reuss, angetrieben durch den entfesselten Schächenbach, ertränkten den ertragreichen Talboden, ein gärender brauner Ozean, in dem die Dächer der zerstreuten Höfe und Ställe einem fernen Archipel von Inseln glichen. Heimwesen versanken, Schlamm und Steine bedeckten wochenlang Äcker und Felder, darunter verrottete die junge Frucht.

Im Bahnhof Erstfeld hatte das Wasser kniehoch über den Geleisen gestanden. Die Dampflokomotiven der Gotthardbahn wirkten wie Lastkähne, die auf Grund gelaufen waren. Familien hatten ihren gesamten Besitz verloren und die Menschen begannen, an der Wirkung ihrer Bittgebete zu zweifeln. In Josefines Kopf drängten sich bedrohliche Bilder: die Sintflut aus dem Alten Testament – eine Strafe Gottes – die ihr als Schülerin in der *Christenlehre* geschildert worden war, Wassermassen, die unaufhörlich anstiegen und jeglichen Lebensatem erstickten. All die nackten, verängstigten Geschöpfe, die sich auf Bäume und Klippen flüchteten, um dem Ertrinken zu entkommen. Und ganz weit weg, schemenhaft im Hintergrund, die rettende Arche, düster und unerreichbar. Sie erinnerte sich genau an die Passage, die sie noch am selben Abend in der Familienbibel nachgeschlagen hatte: «Die Flut dauerte vierzig Tage. Die Arche trieb aber auf dem Wasser dahin. Das Wasser war auf der Erde gewaltig angeschwollen und bedeckte alle hohen Berge, die es unter dem ganzen Himmel gibt.» Gewiss, Gott war zornig, das konnte sie halbwegs verstehen; doch wie konnte er, als Schöpfer von allem, einfach seinen blühenden Lebensgarten zerstören? Sie stellte sich vor, wie ihr geliebtes Tal langsam geflutet wurde, wie der Vierwaldstättersee unaufhörlich anstieg und das Wasser über die Ufer trat. Zuerst versank der Talboden, dann die Sommerweiden, die Alphütten und schliesslich auch die Berggipfel; der Gitschen, der Uri Rotstock, der Bristen und sogar der Dammastock, alles ging unter – bis von ihrer Heimat rein gar nichts mehr übrig war.

Doch es gab Hoffnung, denn in dieser Nacht liess der Regen nach. Josefine lauschte dem nächtlichen Konzert, das nach einer aufwühlenden Kakophonie allmählich zu einem harmonischen Finale fand. Die schwer lastenden Sorgen wichen einer aufkeimenden Zuversicht. Eigentlich war das Leben gut, denn im engen Schlafgemach, direkt zu ihren Füssen, da stand eine grobe hölzerne Wiege, ein Erbstück, bereit. In diesem Bettchen hatten ihr jüngerer Bruder, sie selbst, ihre Mutter und sogar ihre Grossmutter geschlummert. Dieses bewährte Möbelstück sollte schon bald wieder zum Einsatz kommen. Anfang Dezember, in gut fünf Monaten, erwartete Josefine, die kurz vor ihrem achtzehnten Geburtstag stand, ihr erstes Kind. Sie war stolz, bald Mutter zu werden. Eine anspruchsvolle Aufgabe erwartete sie.

Doch alles war schnell, viel zu schnell gegangen. Ein Schwall von Gefühlen erfasste sie. Fragen rissen sich los und unterspülten ihr sonst so heiteres Gemüt. Wie würde sie die Stunde ihrer Niederkunft meistern? Wusste sie genug, um ein Kind aufzuziehen? Was erwartete man von ihr? Es bereitete ihr zusätzliche Sorgen, dass sie und ihr Ehemann Josef sich noch kein eigenes Zimmer leisten konnten. Sie fühlte sich abhängig. Ja, sie betrachtete sich als eine Last für ihre Familie. Sie schämte sich, weil es finanziell nicht ohne die Unterstützung ihrer Eltern ging – die selber eng durchkommen mussten.

Am 12. Mai 1911 hatten die Hochzeitsglocken geläutet. Eine richtige Planung war nicht möglich gewesen: Die Natur hatte das Tempo vorgegeben. Ihre Mutter hatte in nächtelanger Arbeit den schwarzen Sonntagsrock mit einer Blümchenborte und einer gestickten Halskrause versehen. So war in aufwendiger Handarbeit ein Gewand entstanden, das der Einmaligkeit des Anlasses gerecht wurde. Der weisse Schleier, der bis auf den Boden reichte, war ein Geschenk von Tante Angela Maria. Josef, ihr sechs Jahre älterer Ehemann, steckte im zu weit gefassten Sonntagsanzug seines Bruders Ambros, der fünf Jahre zuvor nach Nordamerika ausgewandert war. Er trug ein weisses Hemd mit einer schmalen Schleife. Seine Handgelenke ragten aus den Ärmeln hervor und die Hose schlotterte um seine Beine. Nach der Trauung in Seedorf war die kleine Hochzeitsgesellschaft zum Hof der Schwiegereltern hochgestiegen. Zum Mittagessen gab es *Hafächabis*. Nach dem Kaffee – natürlich mit gehörig Schnaps – jubilierte die Handorgel: *unt jüppidibüi unt Zottäli dra, nur immer scheen de Wände nah!* Ein rundum glücklicher Tag, das bezeugten die strahlenden Gesichter, obwohl Josefine nicht entgangen war, dass der Pfarrer bei der Trauung immer wieder auf die leichte Wölbung ihres Kleides geschielt hatte, um Anzeichen einer allfälligen Unkeuschheit auszumachen. Der Geistliche blieb im Ungewissen, doch sie wusste es mit Bestimmtheit: In ihrem Körper wuchs ein neues Leben heran. Am frühen Morgen, im Atelier des Fotografen Z'berg, hatte sie sorgsam darauf geachtet, die verräterischen Rundungen hinter dem Brautstrauss zu verbergen. Ja, das Leben hielt sich nicht immer an die Spielregeln. Fürs Erste waren die *sposi novelli* bei Josefines Eltern in Altdorf untergekommen. Es war jedoch auch für Josef kaum zu ertragen, dass er seiner Liebsten kein eigenes Zuhause einrichten konnte.

Der Sturm verlor an Kraft, doch das Haus kam nur langsam zur Ruhe. Direkt neben Josefines Schlafgemach befand sich die Küche. Trotz des Regens war zu hören, wie das Feuer knisterte. Es schepperte etwas, vermutlich der Schürhaken oder die Ofenklappe. Von draussen drangen vereinzelte Wörter durch die Nacht. Josef half dem Schwiegervater im Stall. Holzschuhtritte, Kettengerassel, Milchgeschirr, ein aufgeregtes Hin und Her, ein rasches Auf und Ab zeugten von einer ungewohnten Betriebsamkeit zu dieser Zeit. Josefine vernahm das Knarren der Haustüre, bevor diese vom Wind unsanft ins Schloss befördert wurde. Das windschiefe Haus im *Winkel* bot zwar keinen Luxus, war jedoch so eingerichtet, dass es sechs Personen miteinander aushalten konnten. Eine der Bewohnerinnen, die unauffälligste, Nonna Paula, sass bei trockenem Wetter stundenlang regungslos auf der Bank vor dem Haus. Regelmässig setzte sich Josefine abends zu ihr und hielt ihre zittrige Hand. Vom kleinen, gepflegten Vorgarten aus konnte man weiter oben am Hang das Kapuzinerkloster erkennen, ein verschachtelter Bau, der schon seit Jahrhunderten über Altdorf wachte.

Obwohl Josefines Vater als Korbflechter und Kesselflicker kaum etwas beiseitelegen konnte, hatten in der elterlichen Wohnung die gefürchteten Vorboten von Krankheit und Armut nicht eindringen können. Man schaffte es immer, irgendwie durchzukommen. Die Tochter trug mit der Anstellung im Grand Hotel Adler ihren Teil dazu bei. Anders als einige Nachbarn hatte die Familie Franchi noch kein elektrisches Licht. Im ganzen Haus roch es nach Rauch. Die Küche war eine Höhle, dunkel selbst an den hellsten Julitagen. Direkt vor dem Fenster stand eine alte Rosskastanie, durch deren Laub kaum Licht drang. Hinter dem gusseisernen Herd befand sich eine zweite Feuerstelle, deren Qualm hinauf zur *Rüässtili* stieg und sich nur langsam durch eine Öffnung in der Hausmauer verflüchtigte. Auf dem Regal beim Kochherd standen emaillierte Kaffeekrüge in Reih und Glied, darunter hingen zwei Bratpfannen. Im Herrgottswinkel flackerte stets eine krumme Kerze und erleuchtete ein Kruzifix. «Auch in der grössten Dunkelheit gibt es einen Lichtschimmer», dachte Josefine und zog die Decke bis zum Kinn. Der tröstliche Gedanke an die Auferstehung Christi vermochte sie in ihrer aufgewühlten Stimmung zu beruhigen. Ja, sie war auf keinen Fall auf sich allein gestellt, auch in diesen erneuten Stunden der Bewährung nicht, da war sie sich ganz sicher.

Der Juni war schon gut zwei Wochen alt, doch der Regen schien in diesen dumpfen Tagen kein Ende zu nehmen. «Wenn das so weitergeht», hatte ihre Mutter geklagt, «dann werden Reuss und Schächenbach das Tal erneut überschwemmen.» Die beiden Gewässer waren innert Stunden zu reissenden Strömen angeschwollen und hatten bereits an zahlreichen Stellen ihr natürliches Bett aufgesprengt. Häuser und Ställe entlang der schäumenden Wasserläufe waren geräumt worden und im Nachbardorf Bürglen fürchtete man, dass das neu errichtete Elektrizitätswerk ein Opfer des Bergbachs werden könnte. Das Gespräch am Küchentisch wogte wild hin und her. Josef versuchte zu beruhigen. Die neuen Verbauungen und Schutzwälle vermöchten den Wassermassen zu trotzen. Massive Holzschnellen und Steinmauern waren nach der letztjährigen Flutkatastrophe errichtet worden. Auch Josef hatte zum Heer von Freiwilligen gehört, welche die Bach- und Flussbetten in Fronarbeit begradigten. Er musste also wissen, wovon er sprach. Josefine traute den Beschwichtigungen ihres Ehemannes trotzdem nur halb. Allzu präsent waren bei ihr die Schreckensbilder aus dem letzten Jahr.

Sie befürchtete, dass die Wassermassen einmal mehr Unheil über die Menschen und ihre Tiere bringen würden. Die Naturgewalten spielten dem zähen Bergvolk immer wieder übel mit. Der Tod war ein häufiger Gast in den zerfurchten Tälern. Ein unerwünschter, gnadenloser Geselle, der ohne Vorwarnung in den Alltag platzte. «Der Tod ermöglicht ein neues Leben», tröstete der Pfarrer jeweils am offenen Grab. Josefine konnte dem Tod nichts Gutes abgewinnen: «Beim Vorbeigehen packt er dich hinterrücks», das war ihre Sichtweise, «er schleppt dich mit, lässt dich nicht mehr los, macht dir den Garaus und steckt dich in ein dunkles Loch.»

Bereits in den ersten Januartagen hatte eine Lawine in Gurtnellen einer Familie mit fünf Kindern den Vater weggerissen und seinen ausgemergelten Körper ins Tobel geworfen. Zu Beginn der Fastenzeit zerrte der unberechenbare Gruonbach oberhalb von Flüelen ein Fuhrwerk samt Menschen und Tieren in die Tiefe. Die Toten fand man – schrecklich aufgebläht und zerschlagen – erst Tage später auf der entgegengesetzten Seeseite am Ufer bei den Fischerhäuschen von Bauen. Mit schaurigem Gepolter war am Pfingstmontag am Klausenpass der Berg über Spiringen weggebrochen. Die Felsbrocken verschütteten zwei Häuser und drei Ställe. Vor wenigen Wochen kam die Tochter ihrer Cousine dem Holzfeuerherd zu nahe, als sie allein in der Küche war. Das Röcklein der Kleinen fing Feuer. Wenige Stunden später erlag sie den schweren Brandverletzungen. Drei Tage lang wurde sie mit verhülltem Gesicht – in den gefalteten Händen ein Rosenkranz – im Wohnzimmer aufgebahrt.

Josefine sickerten die Tränen in den halboffenen Mund. «Warum konnte so etwas Schreckliches überhaupt passieren?» Das war doch ungerecht. Das Mädchen hatte niemandem etwas zu Leide getan! Es stimmte sie traurig, dass der Herrgott mit ihren Leuten so unbarmherzig ins Gericht ging. Ja, es stieg in ihr die Frage auf, warum eigentlich der Schöpfer des Himmels und der Erde seine Menschen ertrinken, von Lawinen erschlagen oder verbrennen liess. Furcht und Zweifel hatten es auf einmal, wie wild gewordene Wespen, auf sie abgesehen. Sie wälzte sich unruhig hin und her, ihr Herz pochte. «Warum?» Erst der Gedanke an Kaplan Wymann verschaffte ihr Linderung. Hatte er nicht darauf hingewiesen, dass Gottes Güte unermesslich und sein Tun keinen irdischen Gesetzen unterworfen sei? Er, der im fernen Innsbruck Theologie studiert hatte und einmal Gemeindepfarrer werden sollte, er musste es wissen. «Alles gründet im Glauben, in der Hoffnung und in der Liebe.» Das Leben war ein Geschenk. Nach jedem Regenschauer folgte wieder Sonnenschein. Jeder Sturm fand ein Ende. Auch das Tosen vor dem Fenster hatte sich zu einem dünnen Gurgeln abgeschwächt. Gelegentlich war noch fernes Grollen zu vernehmen. Die Saaltochter des Grand Hotels Adler lag noch eine ganze Weile wach, bis sie endlich vom Schlaf erlöst wurde.

2

Der Tag erwachte in frisch gewaschener Unschuld. Licht drängte sich durch den Spalt zwischen den Fensterläden. Josefine genoss es, sich noch ein wenig im Bett zu strecken. Der Platz neben ihr war unberührt geblieben, Josef hatte schon wieder in der Stube genächtigt. Seit ihre Schwangerschaft erkennbare Formen zeigte, hielt ihr Ehemann mehr Distanz zu ihr. Er tat es nicht böswillig. Er war ein guter Mensch, ganz ohne grobe Charakterzüge. *Är isch eifach eppä chli ä Tschooli,* pflegte ihre Mutter mit einem Augenzwinkern zu sagen. Trotz seiner vierundzwanzig Jahre war der Bergbauernsohn oft unbeholfen. Am Abend vor der Hochzeit, als sich Josefine zum ersten Mal im Brautkleid vor dem Spiegel betrachtete, ergriff die Mutter ihre Hände und liess sie wissen: «Mit Josef heiratest du eine treue Seele. Er wird dir zur Seite stehen. Doch die Verantwortung für die Familie, die wirst, wohl oder übel, du übernehmen müssen!» Diese Worte hallten bei der Achtzehnjährigen lange nach.

Behutsam zogen sich die Schatten der Nacht zurück. Alles war nass und glänzte, doch die Gefahr einer Überschwemmung war vorerst gebannt. Josefine huschte aus ihrer Kammer in die Küche, die im spärlichen Morgenlicht seltsam fremd aussah. Nebenan schlief ihr Gatte, bereits fürs Tageswerk angekleidet und mit einem Mantel bedeckt, auf der Ofenbank. Was für ein Bild! Josef nächtigte häufig in Altdorf. Sein Elternhaus, im *Gezig* hoch über Seedorf, war an den Ältesten der fünfzehnköpfigen Familie Arnold übergegangen. Für die Nachgeborenen blieb da nicht mehr viel – oft nicht einmal ein Bett. Diese Zuteilung war seit alters her

Sitte, daran gab es nichts zu rütteln. Das Lamentieren verhallte ungehört. Josef konnte seinem Vater Zacharias ab und zu beim Holzschlag zur Hand gehen und verdiente so ein bescheidenes Zubrot. Aber eine Zukunft ohne finanzielle Sorgen sah anders aus. Wenn es um Geld ging, war von den *Gezigers,* wie sie genannt wurden, keine Unterstützung zu erwarten. Dafür musste bei den Arnolds trotz des schmalen Küchenplans niemand hungrig vom Tisch. Josefine fühlte sich wohl bei ihren Schwiegereltern. Einmal im Monat stattete sie ihnen einen Besuch ab und fand bei ihrer Schwiegermutter Karolina, einer tüchtigen Frau, die sich für nichts zu schade war, stets ein offenes Ohr.

An diesem prächtigen Junimorgen nach der Gewitternacht dachte Josefine an vieles, jedoch nicht an Besitz und Geld. Rechtzeitig machte sie sich auf den Weg zur Arbeit. Im Stall schenkte sie sich ein Glas Milch ein. Beim Trinken glaubte sie ihre Mutter zu hören, die sie, wie so oft, zu Vorsicht und Genügsamkeit mahnte: *Schosi, düe d Milch nit versutlä, diä chunnd usämä chliinä Lechli.* Sie marschierte, in der rechten Hand ihren geliebten Deckelkorb, durch die schmale Marktgasse zum Türmli hinunter. Vor dem Gerichtsgebäude berührte ein leichter Wind ihr Haar, als sie den Schutz der moosbewachsenen Natursteinmauer verliess, die dem holprigen Weg trutziges Geleit gab. Sie betrat den Rathausplatz und grüsste andere Frühaufsteher. Vorfreude trieb die junge Frau an, denn heute wurden ganz besondere Hotelgäste erwartet. Mit dem Tessinerlied «Aprite le porte» auf den Lippen schritt sie beschwingt in die erwachende Welt hinaus.

Mitten auf dem Platz verharrte sie einen kurzen Moment beim bekanntesten Sohn der Landschaft Uri: Das Telldenkmal, das sich wenige Meter vor ihr erhob, war eine vor Jahren erschaffene vaterländische Statue, eine «nationale

Wallfahrtsstätte». In Bronze gegossen blickte Wilhelm Tell unbeugsam und erhaben über das Häusergeviert zu den Berggipfeln hinauf. Von unten her mustert der kleine Walterli seinen Vater. Noch wusste der Junge nichts von der Gefahr, die ihm drohte. Tell, die Armbrust geschultert, wirkte, als könne ihm nicht einmal ein ganzes Habsburgerheer etwas anhaben. Josefine mochte die Figur. Der stattliche Freiheitskämpfer auf dem hohen Sockel glich ihrem Schwager Gebhard, dem Erstgeborenen der Familie Arnold. Auch er hatte mehr Bart als Gesicht, trug wochentags eine raue Kutte und seine Füsse steckten in *Holzböden*.

Bei der feierlichen Enthüllung der Skulptur war Josefine erst drei Jahre alt gewesen. Ihr Vater erzählte, wenn er mit leuchtenden Augen von der guten alten Zeit berichtete, von der dichten Menschenmenge, die damals auf dem Rathausplatz darauf wartete, dass das Tuch zu Boden glitt. Man hatte sogar eine Tribüne errichtet und Gäste waren von weit her angereist. Das Rathaus erstrahlte in Gelb und Schwarz. Davor defilierten Männer in historischen Harnischen; Söldner, bewaffnet mit Hellebarden und Morgensternen, deren grimmige Blicke die anwesenden Kinder erschaudern liessen. Mit weit aufgerissenen Mündern verfolgten die Kleinen das Spektakel. Der brandschwarze Uristier, das urwüchsige Wappentier – das einst auf den Schlachtfeldern Europas für Angst und Schrecken gesorgt hatte –, führte die patriotische Prozession an: «Da, wo der Alpenkreis nicht dich zu schützen weiss, Wall dir von Gott, steh'n wir den Felsen gleich, nie vor Gefahren bleich, froh noch im Todesstreich, Schmerz uns ein Spott!» Nach dem stimmgewaltigen «Rufst du mein Vaterland» pries Ständerat Muheim in einer flammenden Rede – flankiert von Parteifreund und Bundespräsident Zemp – den Heldenmut der Vätergeneration. Er erinnerte an die Wehrhaftigkeit der Urner Männer, die seit Menschengedenken ungebrochen sei und nimmer erkalten werde.

Wilhelm Tell müsse auf ewig ein Vorbild bleiben. Auch im anbrechenden Jahrhundert werde in der Wiege der Eidgenossenschaft der Freiheitsdrang in jeder stolzen Männerbrust ungezähmt weiterschlagen.

Josefine machte sich auf den Weg. Ihr war das vibrierende Gefühl der Heimatverbundenheit nicht unbekannt, doch sie empfand es weniger in Bezug auf Helden und Denkmäler. Sie fühlte sich verwurzelt in der ihr vertrauten Landschaft, geborgen in ihrer Familie und verbunden mit Josef, ihrem Ehemann, dessen Ring sie stolz am Finger trug. An diesem freundlichen Montagmorgen hatte sie sogar Zeit, die *Damen-Nouveautés* im Schaufenster des Geschäfts von Heinrich Hefti zu bewundern. Was sie in der imposanten Scheibe ebenfalls sah, war ihr Spiegelbild: eine zufriedene junge Dame, deren schwarze Haarpracht südländisch wirkte. «Ein Hut würde mir ausgezeichnet stehen», dachte sie verschmitzt, doch dann rief das Klingeln der Strassenbahn. Nachdem der Zugführer den Stromabnehmer auf dem Dach des Fahrzeugs mit einem Seil gewendet hatte, konnte die kurze Fahrt ins Nachbardorf Flüelen losgehen. Mit einer Hand voll Fahrgästen rumpelte der Triebwagen die steingepflästerte Tellsgasse entlang, passierte die Sparkasse und das Fremdenspital, erhöhte nach dem Dorfkern von Altdorf seine Geschwindigkeit, grüsste klingelnd das vor wenigen Jahren erbaute Kurhaus Moosbad zu seiner Rechten. Die Saaltochter genoss die Fahrt mit dem ächzenden Gefährt, das kaum schneller als ein Pferdefuhrwerk vorankam. Nach zehn Minuten blieb der Bahnwagen auf dem Kirchplatz in Flüelen stehen.

Josefine stieg als Letzte aus. Bevor sie sich im Grand Hotel Adler einzufinden hatte, liess sie sich auf einer der Parkbänke am Hafenbecken nieder. Auf diesen Moment, diese wenigen kostbaren Minuten, hatte sie sich schon seit dem

Aufstehen gefreut. Auch wenn ihr nur eine knappe Viertel-stunde blieb: Hier war sie rundherum zufrieden. Die Pro-menade war zu dieser frühen Stunde kaum bevölkert. Auch das nur wenige Meter entfernte Bahnhofsareal mit der Fuss-gänger-Passerelle über die Geleise war menschenleer. Jose-fine spähte in die Bucht hinaus. Der Urnersee strahlte mit der Sonne um die Wette. Ein Tag, der so begann, legte ein Fundament, das kaum mehr erschüttert werden konnte. Möwen kreisten über dem funkelnden Wasser. Vereinzelt trieben Äste und Blätter als stille Zeugen des nächtlichen Gewitters in der Bucht.

Vom Rundbau am Ende des Landungsstegs, dessen Zwie-beldach in der Morgensonne glänzte, grüsste ein auffälliges Plakat. Es wies auf eine «Musikalische Soirée» am nächsten Samstagabend hin. Soirée, Hôtel… ja, das Fischer- und Bau-erndörfchen Flüelen hatte sich in der zweiten Hälfte des vergangenen Jahrhunderts zu einer internationalen Reise-destination gemausert, zu einem Fenster in die Welt, in dessen krummen Gassen auf einmal fremde Sprachen zu vernehmen waren. Seit einigen Jahren ging die Zahl der Touristen allerdings zurück. Die nahe gelegenen Ferienorte Brunnen und Morschach versprachen inzwischen mehr Renommee.

Direkt am Seeufer machte sich ein scharfer Geruch bemerk-bar, vor allem jetzt im Sommer, wenn der warme Wind den Felswänden entlang in den Norden drängte. Erwartungs-froh blickte Josefine in das Lichtermeer der steigenden Son-ne. Schon bald würde der erste Salondampfer aus Luzern Feriengäste an Land bringen: Engländer in bunten Kleidern und karierten Socken. Norddeutsche, die ehrfürchtig zu den Bergspitzen emporblinzelten. Franzosen, die sich regel-mässig über die Qualität des Essens im Hotel beklagten. In Pelz gehüllte Russen und ein Grüppchen Amerikaner: Die mochte Josefine am liebsten, denn sie verströmten lässige Nonchalance. Die Amerikaner waren erfrischend und ihr Herkunftsland ein unwirklicher Ort. Amerika war eine Spielwiese der Fantasie, eine neue Welt, in der die Häuser beinahe so hoch waren wie hier die Berge. Ihre Strassen waren breit wie Flussläufe, die sich majestätisch in der Ferne verloren. All' das hatte sie auf den Abbildungen in den Zeitschriften gesehen, die im Salon des Grand Hotels für die Gäste bereitlagen.

A-m-e-r-i-k-a, das waren lediglich sieben Buchstaben, aber damit konnten Millionen von Sätzen gebildet werden. Eine für die junge Urnerin unerreichbare Welt, in der alles viel grösser und besser schien als hier in diesem schmalen Tal, wo Lawinen Menschen begruben und Hochwasser die Ernte ertränkte. «Auf der anderen Seite des Ozeans hat jeder die Möglichkeit, ein Auskommen und Ansehen zu erreichen», hatte vor ein paar Tagen ihr Ehemann behauptet. Er nahm für sich in Anspruch, das zu wissen, da er rot-blau bekränzte Couverts von seinen beiden Brüdern erhielt, die vor Jahren nach Nordamerika ausgewandert waren. In den Hügeln von Wisconsin hatten sie eine neue Heimat gefunden und halfen dort mit, eine Fläche Land zu bewirtschaften, die mehr als ein Dutzend Mal grösser war als der stotzige Hang rund um das unzugängliche *Gezig.* Ennet des Atlantiks schienen sich alle ihre Wünsche erfüllt zu haben. Zurückkommen wollten sie auf keinen Fall. Einmal im Jahr schickten sie silberne Banknoten, auf denen ein stolzer Indianer mit Federschmuck prangte – das Geld war echt und roch nach ranziger Butter.

Das konnte die kleine Schweiz nicht bieten. Hier war alles überschaubar und man vermochte den Horizont beinahe mit den Händen zu greifen. Im «internationalen» Kurort Flüelen, der seit jeher ein wichtiger Warenumschlagplatz gewesen war, drängte sich eine stattliche Parade von gastlichen Häusern an der Seepromenade: an vorderster Front das vom Jugendstil inspirierte Gebäude des Grand Hotels Adler mit seinen beiden beflaggten Kuppeltürmen und dem bogenförmigen Schriftzug auf dem Zwischendach. Der dreistöckige Hotelpalast mit seiner von Efeu umrankten Terrasse stand unter Geleitschutz des Hôtel de la Croix Blanche & Poste und des Hôtel du Lac. Auch im «Sternen» gab es Gästezimmer, der «Hirschen» war erst vor Kurzem um zwei Etagen aufgestockt worden und das «Kreuz» erweiterte seine Aussichtsterrasse, damit die bunte Gästeschar mit unverstelltem Blick auf die Alpenszenerie den *Five o'Clock Tea* schlürfen konnte. Das Hotel Park Rudenz am Dorfeingang warb gar mit Annoncen in europäischen Zeitungen um gut betuchte Kundschaft.

Am liebsten verweilte Josefine an der Uferpromenade zwischen zwei Schatten spendenden Kastanienbäumen. Sie traute sich nur Platz zu nehmen, wenn in der Nähe keine Hotelgäste auszumachen waren. Von hier aus hatte die junge Altdorferin alles im Blickfeld, was in ihrem Leben von Bedeutung war: wenige Meter vor sich die kristallgrauen Wellen des Urnersees – ihr geliebtes Alpenmeer –, in dem das Sommerlicht wie die Leuchter im Speisesaal des Grand Hotels glitzerte. Im Hintergrund die mächtigen Berggipfel, noch immer von Schneehauben gekrönt. Unmittelbar auf der anderen Seite der Bucht erhob sich der Gitschen, dessen markantes Dreieck die Alp *Gezig* überragte, das abschüssige Felsplateau, auf dem Josefs Familie jedes Landstück, sei es auch nur so gross wie ein Tischtuch, bewirtschaftete. Beim Wildheuen und Holzen rackerten sie sich in den narbigen *Planggen* ab. Nur in den Wintermonaten gab es wenige Tage, an denen die schwere Arbeit ruhte. Josefine hatte mehrmals miterlebt, wie in den steilen Hängen die Kräftigsten der *Gezigers* vor den Pflug gespannt wurden.

Der Blick der Saaltochter schweifte weiter. Zur Rechten eine auffällige Felsnase, an die sich die aus dem Granit herausgeschlagenen Kehren der Axenstrasse schmiegten. Dieser waghalsige Verkehrsweg, dessen Bau ein berühmter General vorangetrieben hatte, war die einzige Landverbindung in den Norden. Die aus dem Berg gehauenen Galerien luden die Feriengäste zu Spaziergängen entlang der Felsenfenster ein. Hinter den Gesteinswällen befand sich, am Ende eines Tunnels, der Flecken Sisikon. Dort hatte Josefine vor Jahren auf einer Schulreise die Tellskapelle und ihre Gemälde bewundert. Dabei hatte sich die dramatische Darstellung, wie Tell sich am Ufer festklammerte und das voll beladene Boot in den tobenden See zurückstiess, in ihrem Gedächtnis festgebrannt. Sisikon war eine Grenzstation in Josefines Welt. Eine Welt, deren Panorama von Bergen umrahmt war. Eine Welt fast ohne Fernsicht, was sie jedoch nie als Einschränkung wahrgenommen hatte. Ganz im Gegenteil: Die Begrenzung gab ihr ein Gefühl von Geborgenheit. Das Geschehen in der anderen, grösseren Welt interessierte sie durchaus. Die Bilder und Berichte in den Illustrierten, die im Salon des Hotels auflagen, sog sie förmlich in sich auf. Doch wegziehen wollte sie deswegen auf keinen Fall.

Auf einmal war ein Rauschen zu vernehmen, das sich zu einem rhythmischen Stampfen verdichtete. Eine Rauchsäule näherte sich der Seepromenade. Wenn die Gotthardzüge anrollten, zog eine Nebelwand durch das Dorf. Hier in der Seegemeinde war man stolz darauf, dass die qualmenden Ungetüme im eigenen Bahnhof haltmachten und nicht wie im nahen Hauptort Altdorf ungebremst vorbeirauschten. Mit der Fertigstellung der Gotthardbahn war ein Damm gebrochen. Der Tunnel in den Süden hatte neues Leben in das abgeschottete Tal gebracht. Mehr noch trieb das «Wunderwerk» aber die Menschen in die Welt hinaus. Die Abwanderung konnte nicht der Eisenbahn angelastet werden, aber sie erleichterte den Menschen das Fortkommen. In der zweiten Hälfte des 19. Jahrhunderts ergriff eine regelrechte Auswanderungswelle das Urnerland. Übersee lockte mit bunten Broschüren und dünnte die Familien aus. Wenn es einer wagte und es ihm gelang, da drüben Fuss zu fassen, dann zog er schon bald eine Handvoll weitere nach. Agenturen rekrutierten Abenteuerlustige in Flüelen, Altdorf, Wassen und Andermatt – und so verlor das Land am Gotthard zusehends das Wertvollste, was es besass.

Die zischende Riesenschlange lag lauernd im Bahnhof und stiess giftige Dämpfe aus. Der Süden war ihr Ziel. Auch Josefine war schon mit der Gotthardbahn unterwegs gewesen. Auf den Holzbänken der dritten Klasse hatte sie gestaunt, wie Häuser, Felder und Wälder vorbeiflogen. Dann der Tunnel, ein stinkendes, unheimliches Loch, das kein Ende nehmen wollte. Die Reise ging bis Bellenz, wo ihre Tante Angela Maria wohnte. Sie war eine stolze Tessinerin mit den gleichen rabenschwarzen Haaren und dunklen Augen wie sie. Josefine bewunderte die älteste Schwester ihres Vaters. Auf ihrem Nachttisch befand sich nebst einem gesegneten Bild des Eremiten Niklaus von Flüe auch eine Aufnahme mit gezacktem Rand, auf der Angela Maria in jungen Jahren zu erkennen war. Die bald Achtzehnjährige sehnte sich danach, genauso bestimmt und couragiert auftreten zu können wie ihre Lieblingstante. Wahrgenommen zu werden, jemand zu sein, nicht bloss das unschuldig lächelnde Mädchen, dem man pausenlos Aufträge erteilen konnte. Das gelang ihr nur selten. Es waren wertvolle Augenblicke, in denen sie realisierte, dass auch eine ungelenke Saaltochter ein nützliches Steinchen in einem gigantischen Mosaik sein konnte, ein wertvoller Teil eines Ganzen, dessen Ausmass und schiere Grösse sie nicht einmal zu erahnen vermochte. In diesen tröstlichen Momenten fühlte sie sich den weltgewandten Gästen nicht unterlegen, wenn ihr

Blick durch den glänzenden Speisesaal des Grand Hotels schweifte.

Am liebsten liess Josefine ihren Blick in den Süden wandern. Genau dorthin, wo der Urnersee in einem auslandenden Bogen seinen Abschluss fand. Das war gewiss keine grandiose Weitsicht, doch sie reichte ihr aus, um sich mit dem von der Reuss aufgetrennten Korridor verbunden zu fühlen. Sie empfand eine Ergriffenheit – ja schon beinahe eine heilige Ehrfurcht –, wenn sie ganz hinten im Tal den breitschultrigen Bristenstock erkannte. Der Bristen – bevorzugt im Schneekleid –, trutzig wie eine unüberwindbare Schildwache, war für sie der Inbegriff von Sicherheit. Unverrückbar, den Zeiten trotzend, stand er am Horizont. Sie hatte diesen Bergriesen noch nie bestiegen. Sie hatte sich nicht einmal in die Nähe seiner mächtigen Flanken getraut. Aber sie stellte sich immer wieder vor, wie man von dieser alles überragenden Pyramide jeden noch so kleinen Flecken auf dem Talboden von blossem Auge ausmachen konnte.

Dumpf schnaubte das Horn der «Schiller». Josefine wandte ihre Augen von den Berggipfeln ab und nahm das flimmernde Seebecken ins Visier. Die schlanke Nase des stolzen Raddampfers, der als Bugzier ein Schweizerkreuz präsentierte, schob sich langsam in ihr Blickfeld. Der Frühkurs, auf dem sich selten Hotelgäste befanden, hatte vor einer Stunde in Brunnen abgelegt und stach nun in den Hafen von Flüelen. Das fauchende Gefährt kam, wie von einem Unterwasserbeben erschüttert, eine Seilwurfweite vor dem rot-weiss bemalten Absperrbalken der Landebrücke zum Stillstand. Josefine hatte dieses Schauspiel schon unzählige Male mitverfolgt, war jedoch immer wieder von Neuem fasziniert von der Eleganz und Wendigkeit des ganz in Weiss gehaltenen Bootes.

Im Frühling vor einem Jahr war sie selbst mit der «Schiller», dem modernsten Dampfschiff der Vierwaldstättersee-Flotte, nach Brunnen gefahren, um drei Wochen im Grand Hotel Axenfels in Morschach als Aushilfe zu arbeiten. Obwohl dieses weltberühmte Hotel von Königinnen und Königen besucht worden war und nebst Schwimmbädern und Tennisplätzen eine atemberaubende Aussicht bot, schauderte ihr bei der Erinnerung. Ihre Erleichterung war riesig, als sie nach Beendigung der Dienstzeit mit dem Linienschiff wieder in Richtung Süden ablegen konnte. Als Nichtschwimmerin war es ihr auf dem unruhigen See unbehaglich zumute gewesen. Erst auf dem Steg in Flüelen fühlte sie sich wieder sicher, in heimischen Gefilden, beschützt von den vertrauten Gipfeln. Hier stand sie auf sicherem Boden. Nicht wenige waren in jüngster Zeit mit grossem Gepäck in die Ferne gezogen, sandten euphorische Zeilen in die alte Heimat und wollten nie mehr zurückkehren. Josefine liess das kalt.

Die junge Urnerin erhob sich von der Parkbank, marschierte dem Quai entlang, überquerte die Passerelle, eilte an der fünfspännigen Postkutsche vorbei, die auf der Hauptstrasse für die Abfahrt auf den Klausenpass bereitstand, und wandte sich zum Dorfplatz hin. Ihr Ziel war der von Oleanderbüschen umflorte Aufgang zum Grand Hotel Adler. Auf der Veranda angekommen strebte sie dem Personaleingang auf der rechten Seite zu. Nachdem sie ihre Servierbluse angezogen, die Schürze umgebunden und das frisch gestärkte Häubchen aufgesetzt hatte, betrat sie den betriebsamen Bereitstellraum. Hier traf sie der strenge Blick von Fräulein Siegrist, die seit Menschengedenken im «Adler» als Gouvernante waltete. «Ah, Madame Franchi ist auch schon eingetroffen, enchanté», giftelte die Grauhaarige zwischen zwei Geschirrstapeln hindurch. Sie sprach die frisch Verheiratete absichtlich immer noch mit ihrem ledigen Namen an, obwohl sie wusste, dass Josefine seit einem Monat Arnold hiess. «Wir hatten schon Angst, dass wir die ganze Arbeit allein verrichten müssen», vollendete sie ihre tägliche Zeremonie. Josefine liess den Morgentadel mit einem breiten Lächeln an sich abprallen. Sie wusste, dass sie nicht zu spät dran war. Sie war noch nie zu spät gekommen.

Zusammen mit zwei anderen Mädchen servierte sie, nachdem sie das Porzellangeschirr und das Silberbesteck fein säuberlich auf den Tischen ausgerichtet hatte, den eintreffenden Gästen das erste Frühstück. Kerniges Roggenbrot, fettglänzende Croissants, warme Eierspeisen, schaumige Alpenmilch, englischer Frühstückstee, der so schwarz wie Kaffee in den Tassen dampfte, gebratener Speck, rezenter Bergkäse und eine imposante Palette an Früchten – Leckereien, von denen sie selbst nur träumen konnte. Es fiel ihr schwer, diesen Überfluss zu verstehen, doch sie erledigte ihre Arbeit gern und sorgfältig. Etwas aus diesem Frühstücksreigen hatte seit Längerem ihre Aufmerksamkeit erregt: der Ahornsirup, den die Gäste aus Amerika grosszügig auf ihre Omeletten gossen. Heute Morgen bot sich nun die Gelegenheit, den himmlischen Nektar unbemerkt zu verkösten. Tisch Nummer vier hatte ein halbes Kännchen übrig gelassen. Josefine schritt mit einem vollen Tablett aus dem Saal, suchte Deckung hinter einem Stapel Tischtücher und tauchte nach mehreren Kontrollblicken den Finger tief in den kostbaren Saft. Doch das erwartete Glücksgefühl blieb aus. Das «flüssige Gold» tropfte dünn vom Finger und war geschmacklich bei Weitem nicht so ergiebig, wie es sich die erwartungsfrohe Nascherin vorgestellt hatte. Da war der Honig vom *Gezig* viel *chuschtiger*.

Kurz nach dem zweiten Frühstück hatte die «Uri», der erste Salondampfer mit Fernreisenden an Bord, den Weg in den Hafen gefunden. Josefine wartete gespannt auf die Gäste, die sich, nachdem sie ihre Zimmer bezogen hatten, frisch gekleidet zum Lunch im Speisesaal einfanden. Ihre Freude wurde noch grösser, als sie unter den Neuankömmlingen Stammgäste ausmachen konnte. Standesgemäss empfing sie die Eintretenden mit einem devoten Kopfnicken und versuchte, ihre heitere Gemütslage zu kaschieren. Als sie etwas später an den Tisch der Familie Sullivan trat, die es sich an der Fensterfront bequem gemacht hatte, erschallte die bebende Stimme von Mister Sullivan: «Oh, Miss Josephine, what a pleasure to see you again!» Die Gäste vom Nachbartisch starrten, durch die Lautstärke irritiert, zum Schauplatz der ungewohnt herzlichen Begrüssung herüber. Die Sullivans erhoben sich, um der Saaltochter, deren Gesicht sich merklich gerötet hatte, herzhaft die Hand zu drücken. Josefine fühlte sich geschmeichelt, anderseits war ihr der Vorfall peinlich, da sie sich als Bedienstete so unauffällig wie möglich zu verhalten hatte.

Die Sullivans waren eine aussergewöhnliche Familie. Josefine bewunderte die Umgangsformen, die zwischen den Familienmitgliedern gepflegt wurden. Sie sahen sich an beim Sprechen und redeten nie mit vollem Mund. Mister Sullivan zeigte ihr gegenüber stets ein ungekünsteltes Interesse, das nie in Aufdringlichkeit ausartete, wie es bei anderen Männern schon vorgekommen war. Er war es gewesen, der ihr, im Beisein seiner reizenden Frau Dorothy, Bilder aus seiner Heimatstadt in Neuengland gezeigt hatte, wo die Häuser zwar weniger hoch als in New York oder Chicago waren, jedoch wie von einem Maler hingepinselt aussahen. So richtig in Fahrt kam er, als er vom Unabhängigkeitskrieg gegen die Engländer berichtete und bemerkte, dass Willy Tell, «the greatest hero of them all», bestimmt seine Freude an den tapferen Siedlern in Amerika gehabt hätte.

Der Tag im Grand Hotel bot kaum Verschnaufpausen. Als Josefine auf dem Nachhauseweg in der Strassenbahn nach

Altdorf sass, fühlte sie sich müde, aber glücklich. Die Arbeit im Hotel war anstrengend, bot jedoch immer wieder Unerwartetes. Ihr Glück hatte an diesem Abend einen handfesten Grund: Mister Sullivan hatte ihr am Nachmittag beim Tee auf der Veranda ein schmales Büchlein in die Hand gedrückt und in gebrochenem Deutsch bemerkt, dass es sich um die Übersetzung eines Schriftstellers handle, der aus seiner Heimatstadt stamme. Ein «bedeutender Freigeist», der zwar schon seit über vierzig Jahren tot sei, dessen unverfälschte Gedanken jedoch die Leser noch immer bewegen würden. Dieser sonderbare Kauz habe die Einfachheit und Naturnähe in seinem Leben über alles gestellt und zwei Jahre ganz allein in einer Hütte im Wald gehaust. Nun sei eine Übertragung ins Deutsche erschienen, die er ihr, da sie immer so interessiert und aufmerksam sei, gern schenken wolle. Zum zweiten Mal an diesem Tag hatte ihr Gesicht zu glühen begonnen. Laut den Hausregeln durfte sie keine Geschenke annehmen. Doch Mister Sullivan bestand darauf und krönte die Übergabe mit einem Satz, der lange in ihrem Kopf hängen blieb: «Hätte der Autor dieses Büchleins nur einmal die Gelegenheit gehabt, die wunderbare Bergwelt Ihrer Heimat zu erleben, Miss Josephine, dann wäre er vermutlich nie wieder nach Amerika zurückgekehrt.»

Wie war diese eigenartige Bemerkung zu verstehen? Sie fühlte sich von dieser ungewohnten Aufmerksamkeit überfordert. Die Beschenkte griff in ihren Korb und fischte das ihr gänzlich unbekannte Werk heraus. Auf dem dunkelblauen Buchdeckel waren in goldenen Lettern der Titel und der Name des Verfassers eingeprägt: «Henry David Thoreau». Von diesem Schriftsteller hatte sie tatsächlich noch nie etwas gehört. «Thoreau, Thoreau, das klingt doch gar nicht so richtig Englisch», dachte sie. Was hatte dieser Mann wohl Erstaunliches zu Papier gebracht? Auf einen Schlag erinnerte sie sich an die strengen Worte von Kaplan Wymann, der in einer Predigt darauf hingewiesen hatte, dass Bücher durchaus gefährlich sein können. «Wer nicht aufpasst und unbedacht zu weltlichen Schriften greift, den bringen wirre und schädliche Gedanken vom katholischen Weg ab», hatte der besorgte Gottesmann gewarnt. War das Buch dieses kauzigen Amerikaners unter Umständen eine Gefahr, wie sie der Herr Kaplan beschworen hatte? Josefine war verunsichert. Das Fremde brachte immer etwas Bedrohliches mit sich. Trotzdem freute sie sich darauf, heute Abend in ihrer Kammer, bei Kerzenlicht, die ersten Seiten zu lesen. Dieses wertvolle Geschenk würde sie niemandem zeigen, da sich weder ihr Ehemann noch ihre Eltern für «unnütze Dinge» wie Bücher interessierten. Es gehörte von nun an zu ihrem ganz persönlichen Besitz; ein unerwartetes Präsent, eine Anerkennung, die ihr wie eine stille Bestätigung erschien, dass sie von den Sullivans als eine erwachsene Person wahrgenommen wurde.

3

«Ich möchte zugunsten der Natur sprechen, zugunsten absoluter Freiheit und Wildheit – im Gegensatz zur Freiheit und Kultur im Sinne der Bürger –, und ich möchte den Menschen als untrennbaren Teil der Natur und nicht als Mitglied der Gesellschaft betrachten.» So begannen die Ausführungen des toten Amerikaners. Josefine musste diese Ehrfurcht erheischende Einleitung, diese wortgewaltige Herausforderung, mehrfach halblaut lesen. Sie verstand vieles nicht. «Ich möchte einen extremen Standpunkt einnehmen, und zwar mit Entschiedenheit, denn Verfechter der Zivilisation gibt es bereits genug: den Pfarrer und das Schulkomitee und alle anderen.» Sie versuchte angestrengt, dieses sich vor ihr auftürmende Wortgebirge Tritt um Tritt zu besteigen, mit regelmässigen Pausen und unsicher tastenden Händen. «Zivilisation», was war bloss damit gemeint? Gehörte sie auch zur «Zivilisation»? Oder gab es diese «Zivilisation» nur in Amerika? Eine ganze Armee von sperrigen Begriffen, gegen die sie zu Felde zog. Es würde wohl viel Zeit in Anspruch nehmen, bis sie mit dieser ungewohnten Gedankenwelt vertraut wäre – wenn überhaupt.

Sie war sich nicht sicher, ob sie diesen «grossen Geist», wie ihn Herr Sullivan bezeichnet hatte, richtig verstand, aber es schien ihr, als würde dieser «Waldmensch» die Natur «als das absolut Wichtigste auf der Welt» beschreiben. Da konnte sie ihm aus vollem Herzen zustimmen. Es gab wirklich nichts Schöneres und Höheres. Der Mensch war zwar auch recht wichtig, jedoch bloss ein Teil dieser Natur, ja sogar ein ziemlich unbedeutender Teil, wenn man es genau betrachtete. Sie fuhr mit dem Zeigefinger langsam den Wörtern entlang: «Der Einzelne bedeutet nichts, sein Beitrag zum Ganzen bedeutet etwas!» Diese Behauptung war ihr nicht unvertraut. Doch das schlechte Gewissen sass ihr im Nacken: Vermutlich war dieser Thoreau trotz all der schönen Worte einer jener hinterlistigen Schriftsteller, von denen Kaplan Wymann gewarnt hatte. Beim Lesen stellte Josefine fest, dass Kirchenmänner und Lehrer in Thoreaus Ausführungen nicht gut wegkamen. Oft waren die Dinge nicht so, wie sie auf den ersten Blick schienen. Sie verstand vieles noch nicht. Doch zu viele Fragen sollte man ohnehin nicht stellen, das war ihr bereits in der Schule in der *Christenlehre* klar geworden: Sie hatten andächtig der Sintflut-Erzählung gelauscht. Als ihr Banknachbar, der Zurfluh Guschti, lautstark wissen wollte, ob vielleicht doch ein paar Fische, Krebse und Enten die grosse Flut überlebt hätten, wurde er vom Kaplan unsanft vor die Türe befördert.

Die tapfere Leserin kämpfte sich durch das Dickicht des verschlungenen Wortgeästs. Der Stolperstein «Bestimmung» brachte sie ins Straucheln. Diese «Bestimmung» schien wichtig zu sein, doch Josefine konnte mit diesem Begriff nichts anfangen. «Bestimmung», das klang harmlos, doch da steckte wohl viel dahinter. Diese kraftzehrende Wortklauberei setzte ihr zu. Sie las bei schwachem Licht die Seite zu Ende, dann beendete sie die anspruchsvolle Lektüre. Ihr letztes Buch, «Heidis Lehr- und Wanderjahre», hatte kaum Widerstand geleistet. Diese leichtfüssige Geschichte, in der es auch traurige Stellen gab, hatte sie sogar zweimal gelesen. Heidi wurde zu ihrer Freundin und alles fand ein gutes Ende. Nun hatte sie es aber mit einem komplizierten Amerikaner zu tun. Mit der Handfläche fuhr sie sorgsam über den Leineneinband. Sie roch an den druckfrischen Seiten. Schritt für Schritt würde sie versuchen, die Gedanken von diesem Thoreau zu verstehen. Sie wollte diesem verschrobenen Einzelgänger auf die Spur kommen, auch wenn ihr das eine übermenschliche Anstrengung abverlangen würde. Vielleicht wäre es möglich, Herrn Sullivan zu fragen, ob er ihr besonders schwierige Passagen oder Ungetüme wie «Bestimmung» erklären könne. Sie verwarf den Plan jedoch unverzüglich, denn es gehörte sich nicht, dass man Hotelgäste mit privaten Angelegenheiten belästigte. Sie musste selber mit diesem Werk zurechtkommen. Bücher konnten beissen und stechen, auch wenn das niemand in ihrer Familie glauben wollte. Josefine legte ihren Schatz beiseite, blies die Kerze aus und zog die Wolldecke bis zur Nasenspitze.

An Schlaf war nicht zu denken. Beim Nachtessen, im Lichtkreis der Petroleumlampe, war erneut das Zauberwort Amerika aufgeflackert. Dabei ging es jedoch nicht um einen amerikanischen Autor, der schwer zugängliche Schriften verfasst hatte, sondern um etwas viel Offensichtlicheres: das gelobte Land auf der anderen Seite des Ozeans, dieser gesegnete Boden, jene erhabene Ecke der Welt, in der Milch und Honig flossen – das reiche Land. Dort drüben war – wenn man den vollmundigen Ausführungen ihres Gatten glauben wollte – wirklich alles möglich. Josef, sonst eher wortkarg, geriet, sobald «Amerika» erklang, ins Schwärmen. Selbstverständlich war er noch nie dagewesen, schien aber alles über diesen unermesslichen Kontinent zu wissen. Beim Erzählen leuchteten seine Augen, als sei ihm ein vorzeitiger Blick ins Paradies vergönnt: «Dort drüben geht es einem viel besser, dort drüben gibt es keine Grenzen.»

Drei von Josefs Geschwistern waren nach Wisconsin ausgewandert. Sie hatten sich in einer Schweizersiedlung in der Nähe des Lake Michigan niedergelassen, knapp 80 Kilometer von der Hauptstadt Madison entfernt. Chicago war in sieben Stunden zu erreichen. Die beiden älteren Brüder Ambros und Karl und seine jüngere Schwester Anna schickten Briefe und Karten nach Hause, die in der ganzen Verwandtschaft herumgezeigt wurden; Preziosen, dem Alltäglichen enthoben, fast wie das Allerheiligste in der Monstranz während der Prozession am Fronleichnamsmorgen. «Der Mann muss opfern und muss wagen; er darf nicht von den Stürmen zagen», stand auf einer von diesen Karten. Überschwänglich beschrieben die Arnolds Amerika, es schien ihnen dort drüben an gar nichts zu fehlen. Alles war in ihrem «neuen Leben» besser, auf jeden Fall besser als die dürftige Existenz auf einer armseligen Alp in der hintersten Ecke der Schweiz. «Uns get es besserer», das war die klare Botschaft. Rechtschreibfehler spielten keine Rolle. In New Glarus, wo sie mit ihren Frauen, Josefine und Theresia, Familien gegründet hatten, gab es keine engen Schluchten und gefährlichen Furten, keine heimtückischen Lawinen und Murgänge, denn dort war das Land so unvorstellbar flach, dass man von einem Kirchturm zum anderen sehen konnte. Durch diese lebhaften Dörfer brummten Automobile und auf den Feldern ratterten Dampftraktoren. Die Bauern nannten so viel Vieh ihr Eigen, dass sie die Tiere nicht mehr zählen konnten. Diese Schilderungen mästeten die Hoffnungen von Josef. Er träumte seit Jahren von eigenem Besitz, einem eigenen Hof, mit eigenem Vieh und eigenem Namen: «The New *Gezig* Farm».

In Wisconsin waren in kurzer Zeit Schweizerdörfer am Little Sugar River entstanden. Ambros hatte ihre Namen auf Papier gebannt: Geneva, Lucerne, New Elm, New Bilten und Appenzell hiessen die aufblühenden Neugründungen, in denen «ein Schweizergeist sondergleichen» herrsche, obwohl man sich garstig weit weg von der Heimat, am anderen Ende der Welt befand. Karl berichtete stolz über die Braunviehzucht, die mit den Schweizer Immigranten in Wisconsin einen beachtlichen Aufschwung erlebt habe. Die Schweizer passten sich den örtlichen Gegebenheiten an, setzten aber auch viel Bewährtes aus ihrer Heimat so ein, dass es von den anderen Farmern übernommen wurde. Auch in den benachbarten Staaten Minnesota, Iowa und Illinois hatten sich Schweizer Auswanderer niedergelassen.

Josefine sperrte sich dagegen, in diesen Lobgesang mit einzustimmen. «Das kann man doch nicht alles für bare Münze nehmen», hatte sie aufbegehrt. Doch Josef hatte ihr mit beschwörender Stimme versichert, dass seine Brüder auf gar keinen Fall übertreiben würden. Vermutlich sei alles noch viel grösser und schöner, als man es sich überhaupt vorstellen könne. Was jedoch das Allergrossartigste sei: Man könne dort drüben so reden, wie einem der Schnabel gewachsen sei. In New Glarus war laut den Arnolds fast ausschliesslich Mundart oder Hochdeutsch zu vernehmen. Josefs Stimme steigerte sich zum Gloria. Alle lauschten gespannt seinen Ausführungen, nur Josefine fand es eigentlich schade, dass in dieser neuen Welt so vieles beim Alten blieb. Sie beherrschte einige holprige Sätze in Englisch und hätte gern noch mehr dazugelernt. Josef war auf einem Höhenflug, Josefine hingegen wurde von tiefgründigen Gedanken weggerissen: Wer wollte schon in einer Landschaft leben, wo die Berge so flach wie eine Bettdecke waren? Auch wenn man dort eine Art Deutsch sprach und jeder fünf Mal so viel verdiente wie zu Hause: Waren das die Dinge, die im Leben wirklich zählten? Nein! Ihr Tal und ihre Menschen wollte sie auf keinen Fall verlassen, auch wenn man sich noch kein eigenes Heim leisten konnte und neue Sonntagsschuhe nur alle paar Jahre einmal erschwinglich waren – am Hungertuch nagte man noch lange nicht.

Josefine konnte sich nicht vorstellen, wie man in einer Gegend glücklich werden sollte, in der man keine Konturen erkennen konnte – keine Bergspitzen und Felswände, keinen Gitschen und keinen Bristen. Ein weitläufiger Landstrich, mehr als vier Mal so gross wie die ganze Schweiz, dessen Flüsse man nur an wenigen Stellen überqueren konnte, und Seen, die in ihrem Ausmass den Weltmeeren glichen. Doch Josef liess nicht locker: «Dort drüben können wir neu anfangen», hatte er sie mit heiserer Stimme beschworen. «Warum willst du denn neu anfangen?», wollte Josefine von ihm wissen. «So schlecht geht es uns ja nicht.» Doch er war dem Sog fantastischer Verheissungen erlegen. «Josef, warum willst du unbedingt weg?», bohrte sie nach. Eine Antwort blieb aus. Klar, als Saaltochter konnte man nicht reich werden. Josef schuftete als Landarbeiter von früh bis spät, damit sie sich eine warme Mahlzeit am Tag leisten konnten. Mit Holzerei besserten Josef und seine Brüder das karge Einkommen auf. Das gefährliche Handwerk brachte aber kaum mehr etwas ein. Regelmässig waren sie auf ein paar zusätzliche Franken von ihren Eltern angewiesen. «Arm bleibt arm», hatte der Bergbauernsohn nüchtern resümiert, «ausser man wagt etwas.» Er litt unter dieser prekären Situation. Das Geld war seit dem ersten Tag ihrer Ehe ein Thema – und schon bald war ein Mund mehr zu füttern.

Josefine fasste sich reflexartig an den Bauch. Noch war für Uneingeweihte kaum etwas zu erkennen. Nach der Hochzeit im Mai war alles sehr schnell gegangen – viel zu schnell, wie sie fand. Nicht, dass sie Josef nicht vertraute oder sich an seiner Seite nicht wohlfühlte; sie wollte für immer mit ihm zusammenbleiben. Doch insgeheim betete sie dafür, dass sie noch lange im «Adler» Gäste bedienen durfte. Obwohl sie dort nur von Frühling bis Herbst eine Anstellung fand, erfüllte sie das bescheidene Einkommen mit Genugtuung. Es machte sie zu jemandem.

Gutes Einteilen war angesagt; die fetten Tage konnte man an einer Hand abzählen. Hunger musste man jedoch nie leiden: Frische Milch, ein Stück Käse und eine Scheibe Brot waren stets vorhanden. Armengenössig war man noch lange nicht. Es wäre ihr und Josef jedoch nie und nimmer möglich gewesen, Fahrkarten nach Amerika zu kaufen. Dieser Gedanke, unausgesprochen, tief eingegraben und wohlbehütet, beruhigte Josefine. Sie hatte die Annoncen der Auswanderungsagenturen in der «Gotthard-Post» studiert. Eine Überfahrt auf einem Ozeandampfer und die dazugehörigen Zugreisen beliefen sich insgesamt auf mehrere Hundert Franken. Das war ein horrender Betrag, den sie sich über Jahre hätten absparen müssen. «Was für ein Glück!», dachte sie im Stillen. «Die Reise in das reiche Land ist zu teuer.»

Doch seit ein paar Wochen behauptete Josef steif und fest, dass seine Brüder ihnen das Geld für die Überfahrt vorschiessen könnten. Ein ansehnlicher Betrag, den man aber nicht sofort zurückerstatten müsse. In den fernen Schweizersiedlungen helfe man sich gegenseitig aus. Ambros und Karl könnten ihnen vorausbezahlte Tickets organisieren, ein entsprechendes Telegramm nach Amerika würde ausreichen. Das ganze «Amerika-Theater» liess sie und die Familie kaum mehr zur Ruhe kommen; auch in den Abendstunden wirkte es nach. Josefine versank in einen unruhigen Schlaf und erwachte erst, als die vertrauten Glocken von Sankt Martin sieben Mal anschlugen. Am Sonntagmorgen konnte sie etwas länger liegen bleiben. Josef hatte schon wieder auf der Ofenbank genächtigt und war früh über die Allmend nach Seedorf in Richtung *Gezig* losmarschiert.

Josefine begleitete ihre Eltern und ihren Bruder zur sonntäglichen Messe. Nach dem Gottesdienst, in dem Pfarrer Gisler über den Apostel Paulus und seine weiten Missionsreisen gepredigt hatte, blieb das schwangere Mädchen noch eine Weile im kühlen Kirchenraum sitzen. Immer wieder hatte sie während des Gottesdiensts die Deckengemälde und die prachtvollen Fensterumrahmungen bestaunt. Am meisten beeindruckte sie jedoch ein Bild, das nur zu erkennen war, wenn man sich ganz nach vorne in die erste Bankreihe begab. Sie stand auf und schritt zum Altarraum. Der Geruch von Weihrauch lag in der Luft. An der Chorwand, zwei Meter vom Hauptaltar entfernt, hing eine Darstellung der Mutter Gottes, die sich, umringt von Hirten, in einer Höhle niedergelassen hatte. Sie beugte sich zu ihrem neugeborenen Sohn hinunter. Marias Kleid strahlte in einem Blau, wie es Josefine noch nie zuvor gesehen hatte. Ein unergründliches Blau, schöner noch als beim Arnisee, den sie jeden Sommer mit ihrem Onkel besuchte. Die junge Mutter betrachtete hingebungsvoll das in der Krippe liegende Kind, das ihr ein Ärmchen entgegenstreckte. Ein auffällig helles Licht, dessen Quelle ausserhalb der Höhle zu suchen war, fiel in die Grotte. Im Vordergrund konnte man den heiligen Josef erkennen, wie er gebannt das wundersame Treiben beobachtete.

Josefine blickte zum Fenster ganz hinten im Chorraum. Die Sonnenstrahlen zeichneten einen Lichtkegel. Schon bald würde auch sie einen Säugling in ihrer Obhut wissen. Würde wohl Josef, ähnlich wie sein biblischer Namenspatron auf dem Gemälde, ebenfalls auf Distanz bleiben? Sie schätzte die Zurückhaltung ihres Ehemanns, da gab es keinen Zweifel, doch sie wünschte sich, er würde bestimmter auftreten. Der Sechstgeborene glich in vielen Eigenschaften seinem Vater Zacharias, der kein böses Wort über die Lippen brachte, aber auch keine eigene Meinung zu haben schien. Der vollbärtige Bauer wirkte mit seinem rundlichen Gesicht und dem blonden Haarschopf wie ein gutmütiger Kobold aus einem Sagenbuch. Er sprach keine zehn Worte am Stück und im Mundwinkel hing tagein und tagaus seine zerkaute Tabakpfeife.

Wenn er am Sonntag beim Kirchgang in Seedorf seinen Anzug aus festem Wollstoff trug, dazu ein gestärktes Hemd samt Weste, den breitkrempigen Hut und seine Schnürschuhe, dann glich er jenen frommen Männern, die Josefine in der «Illustrierten Zeitung» entdeckt hatte. «Amish People bei der Sonntagsausfahrt», hatte die Bildlegende verkündet, ergänzt durch die sonderbare Bemerkung: «Im amerikanischen Bundesstaat Pennsylvania wohnen die Nachfahren einer streng religiösen Gemeinschaft, die ursprünglich aus dem Emmental stammt. Sie sprechen noch heute eine Sprache, die an Schweizerdeutsch erinnert.» Die Männer trugen dunkle Hüte und ihre dichten Bärte liessen sie wie Gestalten aus biblischen Geschichten erscheinen. Neben ihnen auf dem Kutschbock sassen ihre Frauen, deren strenge Gesichter sich in Josefines Gedächtnis eingebrannt hatten. Sie steckten in langen Röcken, glatt gebügelten Blusen und trugen ein weisses Häubchen auf dem Kopf. Eine ganz andere Welt – und doch so ähnlich.

Gwiss äf Eer unt Sääligkäit, diese Amerikaner waren halt doch ein merkwürdiges Völklein. In der «Illustrierten Zeitung», die jede Woche neu erschien, hatte Josefine allerlei erstaunliche Dinge aufgeschnappt. Diese Blätter zogen sie in ihren Bann. Ab und zu nahm sie heimlich ein Exemplar aus dem Rauchsalon des Hotels in die Zimmerstunde mit, damit sie das Geschriebene und die aufregenden Bilder in aller Ruhe auskosten konnte. Stets hatte sie das ungute Gefühl, beim Lesen von Fräulein Siegrist erwischt zu werden – doch ihre Neugier war stärker. Sie staunte über Fotos, auf denen Frauen in weissen Kitteln gezeigt wurden, wie sie als Ärztinnen eine Operation vorbereiteten; sie bewunderte die wachsenden Hochhäuser in New York, deren Stahlgerippe aussahen wie die Skelette von aufrecht stehenden Riesenechsen. Sie betrachtete die Bilder einer gigantischen Fabrikhalle in Chicago, in der Arbeiter an Fliessbändern beschäftigt waren.

Eine Doppelseite mit einer ganz besonderen Reportage hatte sie letzte Woche sogar unauffällig herausgetrennt und in ihrem Korb versteckt nach Hause mitgenommen. Das dazugehörige Bild präsentierte einen glatzköpfigen Muskelmann, dessen schwarze Haut wie heisses Pech glänzte. Den Text hatte sie bestimmt zwanzig Mal gelesen, doch sie verstand noch immer nicht alles: «Die ganze Aufmerksamkeit der USA richtete sich am Nationalfeiertag auf die Stadt Reno am Ostrand der Sierra Nevada, wo die Weltmeisterschaft im Schwergewichtsboxen ausgetragen wurde. Bei diesem Kampf ging es um weit mehr als um Weltmeisterschaftsehren, es ging um eine Weltanschauung: Weltmeister Jack Johnson als Farbiger traf auf den weissen Herausforderer James J. Jeffries. Schon im Vorfeld des Kampfes war es zu blutigen Rassenunruhen mit zahlreichen Toten gekommen, denn die meisten Weissen in Amerika hielten es für unzumutbar, dass ein Nigger den Titel des besten Boxers aller Klassen erlangen würde, geschweige denn, dass er das Recht haben soll, einen Weissen ungestraft niederzuschlagen. In der 15. Runde entschied Johnson den Kampf für sich und schickte Jeffries auf die Bretter.»

Dieser feurige Kämpfer stellte das pure Gegenteil ihres Ehemanns dar: Josef war friedfertig, obwohl er bei der Arbeit kräftig zupacken konnte; es mangelte ihm zwar etwas an Brustumfang, doch er war zäh und einiges stärker, als man ihm das von seinem Körperbau her zugetraut hätte. Josef würde jedoch nie auf einen anderen Menschen losgehen, das war sicher. Er war zurückhaltend und suchte, wie sein Vater, immer und überall den Ausgleich. Das brachte Vor- und Nachteile mit sich. Josefine war auf jeden Fall froh, dass Josef sich nicht in den Wirtshäusern herumtrieb, wie das bei vielen jungen Burschen zu einer üblen Sitte geworden war: «Wohltätig ist des Bieres Macht, wenn's wird genossen mit Bedacht», mahnte ein auffälliges Plakat im Restaurant Zum schwarzen Löwen in Altdorf, wo Josefine ab und zu eine Flasche Merlot für ihren Vater besorgte. Die Zecher in den Gaststätten kannten keine Grenzen und so waren kollektive Trunkenheit und Gewalt an Wochenenden und Markttagen zu einer Landplage geworden. Die Landjäger standen oft auf verlorenem Posten und waren nicht mehr Herr der Lage. Das Schreckgespenst der Arbeitslosigkeit trieb den Alkoholkonsum an. Die wachsende Verunsicherung führte so weit, dass auf einmal bis anhin unbekannte Ideen wie «Sozialismus», «Mindestlohn» oder «Gewerkschaften» an Urner Stammtischen und Werkbänken die Runde machten. In Erstfeld, wo im neu erstellten Depot die Gotthardlokomotiven gewartet wurden, flackerte sogar das bedrohliche Wort «Streik» auf. Oft wurde aus Langeweile schon am Morgen getrunken: «Schwarzes mit Enzianschnaps», ein Wurzelbrand, der rasch Wirkung zeigte – und die von ihm eingefangenen Seelen in kurzer Zeit zu Marionetten eines unsichtbaren Dämons verkommen liess.

Zoogän am Booge dr Landammä tanzäd, wie dr Tiifel dur Tili durä schwanzäd. Dülidülidü pfift s'Klarinett, hittä gemmer nid id s'Bett. Der «Tanz-Teufel» trieb nicht nur während der Fasnachtszeit und den Kilbitagen in den verrauchten Lokalen sein Unwesen, er wütete jeden Samstagabend. Kaplan Wymann hatte in seinem Sittenmandat das «unzüchtige Treiben» aufs Schärfste verurteilt. In seinen Augen war das Seelenheil des gesamten Talbodens gefährdet, wenn die zügellose Jugend weiterhin Gottes heilige Gebote missachtete. Josefine hatte seinem Klagen aufmerksam gelauscht und war dabei zusehends tiefer in der Kirchenbank versunken. Es war ihr jedoch nicht entgangen, dass in den Reihen vor und neben ihr gegrinst wurde. Auf der Kanzel trieb der feurige Sermon dem jungenhaften Polterer im Messgewand die Zornesröte ins Gesicht, während er auf dem Höhepunkt des sonntäglichen Sirachens in den voll besetzten Kirchenraum hinausschmetterte: *Ds Tanzä wär nit schlimm, aber ds Häigaa!* Diese Bemerkung traf Josefine wie eine schallende Ohrfeige. Ihr Blick blieb bis zum Schluss der Messe starr auf dem grauen Steinboden kleben.

Der polternde Geistliche verursachte bei Josefine Magenschmerzen. Sie hatte ihren Josef vor anderthalb Jahren an der Altdorfer Fasnacht kennengelernt. Nicht beim Tanzen, sondern in aller Herrgottsfrühe, am *Schmutzigä Donschtigg,* als sie unbekümmert und vergnügt mit zwei Pfannendeckeln in den Händen der Katzenmusik folgte, die mit ihren schrägen Marschklängen das närrische Treiben eintrommelte. Ein klirrend kalter Wintermorgen, der sich bei ihr eingeprägt hatte, genau wie der monotone Refrain der Katzenmusik: «Baram-badadadada-ram-badadadada-ram-barambaram-baradadada, baram-badadadada-ram-badadada-ram-baram-baradadada.» In diesen nebligen Morgenstunden war ihr der zurückhaltende Blondschopf zum ersten Mal aufgefallen. Am *Giidelmäändig* blickte sie ihm dann einen Augenblick länger als erlaubt in die Augen. Sie staunte immer noch über ihren Mut. Diese unerwartete Nähe brachte Wärme in den frostigen Februar und schliesslich mit der alten Fasnacht den ersten zaghaften Kuss. Ein bis anhin unbekanntes Gefühl war in ihr erwacht. Das Leben war so süss wie ein *Fasnachtschiächli.* Sie hatte schon von dieser «Liebe» gehört. Etwas Unberechenbares. Etwas Wunderschönes. Etwas, das auch wehtun konnte. Jetzt war es ausgebrochen. Man war zusammen, aber offiziell eigentlich nicht zusammen. Dein Ja sei ein Ja, dein Nein ein Nein, doch auch Jaja und vielleicht drängten sich dazwischen. Die Frischverliebten beobachteten sich verstohlen am Sonntagmorgen in der Kirche oder bei besonderen Gelegenheiten im Dorf. Dann aber, in einer mondhellen Herbstnacht, überschritten sie zum ersten Mal jene Grenze, vor der sie ihre Mutter eindringlich gewarnt hatte: Josef hatte sie zwar nicht gedrängt, er war eher unsicher, doch er hatte sich auch nicht zurückgehalten. Nicht, dass er grob geworden wäre, ganz im Gegenteil. Doch dieses Körperliche, dieses abrupte Aufeinanderprallen, diese ungewohnten Geräusche und Gerüche liessen sie ratlos zurück. Warum hatte niemand die Wahrheit gesagt?

Und so kam es, wie es kommen musste. Mitgegangen, mitgehangen. Mit der aufkeimenden Natur im Frühling wuchs eine zusätzliche Frucht heran. Es war ihre Leibesfrucht, die urplötzlich zum Thema wurde und die niemand erwartet hatte. Josef freute sich zwar überschwänglich, als er von der Schwangerschaft erfuhr. Doch rasch wurde beiden klar, in welch schwierige Situation sie sich gebracht hatten. Nicht, dass es das noch nie gegeben hätte. Solche «Ausrutscher» wurden genüsslich im ganzen Dorf verhandelt. Irgendjemanden erwischte es immer. Der neue Umstand veranlasste den völlig verunsicherten *Geziger*, bei Schwiegervater Franchi um Josefines Hand anzuhalten. Ein wenig ungeschickt zwar, aber mit auswendig gelernten Sätzen. Weil sie das zwanzigste Altersjahr noch nicht erreicht hatte, brauchte es die schriftliche Zustimmung des Vaters. Die Antwort erfolgte postwendend: Zuerst brach ein mit italienischen Flüchen durchsetztes Gepolter los, dann wurde es still, sehr still, länger still als normal. Doch plötzlich, nach bangen Minuten voller Ungewissheit, hörte man einen Korken knallen – *viva il nostro bambino!*

Josef war ein herzensguter Mensch, daran gab es nichts zu rütteln. Er hielt zwar nichts von Büchern und Geschichten, doch er liess seine junge Frau gewähren. Zweifellos mussten sich die beiden noch besser kennenlernen, bevor sie sich wie ein richtiges Ehepaar verhalten konnten. Josef gab sich Mühe, seiner lebensfrohen Frau genügend Aufmerksamkeit zu schenken. Er war von mildem Charakter, zusammenge-

setzt aus einer Kombination von Sorglosigkeit und Zurückhaltung. Aus diesem Grund hatte er sich damals nicht den
jungen «Aufständischen» in Altdorf angeschlossen, als diese lautstark eine sofortige Aufhebung des Tanzverbots for-
derten. Am ersten Maisonntag im Jahr 1909 war das Tanzen
sogar ein Traktandum an der Landsgemeinde in Schattdorf
gewesen, wo sich seit dem Mittelalter das Urner Männer-
volk zum Debattieren und Abstimmen traf. An der soge-
nannten «Tanzlandsgemeinde» musste zweimal gezählt
werden, und auch danach waren sich die Weibel nicht
sicher, ob eine Mehrheit der Anwesenden die Hände in
die Höhe gestreckt hatte. Es obsiegte die Geistlichkeit und
das Tanzverbot blieb bestehen. Die unterlegenen Jungen
verschafften sich mit beissenden Spottversen Luft. Nicht
selten wurden in bierseliger Laune an den Stammtischen
die apokalyptischen Drohungen der «Pfaffen» nachgeäfft.
Einige ganz mutige *Revoluzzer* versahen sogar das bekannte
Tanzlied «Rooti Chriäsäli» mit einer bitterbösen Zusatzstro-
phe und skandierten es aus voller Kehle an der Fasnacht:
*Wenn yyserä Pfarrer äu ä Schatz terfft ha, so wurd är scho
äu fryyner. Und bi jedem Chilbitanz, wurd em de d'Täibi
chlyyner.*

4

Josefine verliess die Pfarrkirche durch das Seitenportal. Die Junisonne liess das sonntägliche Altdorf aufleuchten. Sie setzte ihr Feiertagshäubchen auf und marschierte auf der vor wenigen Jahren errichteten, schnurgeraden Bahnhofstrasse in Richtung Attinghausen. Der ganze Ort war auf den Beinen. Der Herr Doktor war mit seiner Frau unterwegs, einer Zugezogenen, der es im engen Tal gar nicht gut gefiel; ihr ehemaliger Lehrer, der kugelrunde Herr Danioth, grüsste sie überschwänglich, und Metzger Ulrich, einen Stumpen in den Mundwinkel geklemmt, zog eine Rauchwolke hinter sich her, als wäre er eine Lokomotive und müsste die Gotthardrampe bezwingen. Vor dem Post- und Telegraphengebäude, einem tempelartigen Bau aus Granit und Sichtbackstein, hatte sich eine Gruppe von angeregt diskutierenden jungen Frauen versammelt. Josefine grüsste freundlich und schlenderte weiter. Ihr schien, die Stimmen der Anwesenden seien für einen etwas zu ausgedehnten Moment verstummt. Aus den Augenwinkeln bemerkte sie, dass die Tratschenden hinter ihrem Rücken die Köpfe noch enger zusammensteckten. Sie und Josef waren seit Wochen prominent im Dorfklatsch vertreten. Das wusste sie, aber es war ihr egal. Schmutzige Wäsche wurde ständig gewaschen. Heute zog man über jenen her, morgen rückte jemand anderes in den Mittelpunkt – oder wie ihr Vater mit einem Augenzwinkern zu bemerken pflegte: «Gegen ein Fuder Mist ist es schwer anzustinken.»

Beim Bahnhof musste sie vor der geschlossenen Schranke warten, bevor sie ein längeres Stück der staubigen Schotterstrasse entlang weiterziehen konnte. Nachdem sie die schmale Holzbrücke über die Reuss überquert hatte, eine Konstruktion, die im letzten Jahr beim Hochwasser wie Spielzeug weggerissen worden war, drängte sie sich kurz nach dem Übergang durch eine Hecke und gelangte auf einen ausgetretenen Fusspfad. «Viva!» Federnd schritt sie durch Matten, deren Farben die Sommersonne noch bunter erscheinen liess. Die Luft war von Blumenduft erfüllt. Im Hintergrund präsentierte sich die kühn geformte, nackte, jäh aus dem Kessel aufsteigende Bergpyramide des Gitschen. Der Anblick dieses Riesen raubte ihr jedes Mal den Atem. Schon bald erkannte sie direkt vor sich am Berghang den Steinbruch, der vom steilen Aufstieg zum *Gezig* durchzogen wurde. Der Weg verlief durch eine Wiese und verschwand zwischen den Bäumen des *Bodäwald*. Übermütig zwitscherten die Vögel in den Ästen. Sie betrat den schmalen Pfad, der hinauf ins *Gitschital* führte. Josefine kannte ihn gut. Sie zählte die Kehren und befand sich schon bald in Sichtweite des in den Hang gebauten Holzhauses. Es trotzte mit seinem unförmigen Schieferdach seit Generationen dem rauen Wetter im Gebirge.

Schweissperlen glänzten auf ihrer Stirn, als sie schwer atmend auf dem *Gezig* eintraf. Im Stall unterhalb des Wohnhauses standen zwei knochige Milchkühe. Vor der seitlichen Doppeltreppe, die im Freien in den ersten Stock hinaufführte, gönnte sich Josefine eine Pause. Sie spürte am ganzen Leib die Anstrengung. Sie war nicht mehr allein unterwegs. Nach kurzer Rast stieg sie hoch und pochte an die Eichentüre. Eine Spinne sass zwischen den Balken im Netz. Als sich nach erneutem Anklopfen nichts regte, trat sie vorsichtig ein. In der niederen, mit massiven Balken durchzogenen Stube roch es nach Tabak und gebratenen Kartoffeln. Onkel Bartholomä lehnte am schweren Holztisch und schmauchte seine Sonntagspfeife. Seine tief liegenden Augen waren geschlossen, die Zipfelmütze hing schief auf dem unförmigen

Kopf. Er schlief, aufrecht sitzend, seinen Mund nur gerade so weit geöffnet, dass ihm die Pfeife nicht herausrutschen konnte. Von den anderen war nichts zu sehen. Aus der Küche war das Klappern von Pfannen zu vernehmen. Josefine genoss die Sonntagnachmittage hoch über dem Talgrund. Hier stand die Zeit still und auch die Zeiger der klobigen Pendüle schienen bei ihrer Rundreise nicht voranzukommen.

Unerwartet schoss der kleine Paul in die Stube. Der vierjährige Sohn von Josefs jüngerer Schwester steuerte direkt auf Josefine zu. Er sprang in ihre offenen Arme und jauchzte vor Freude. Der aufbrandende Lärm weckte den schlummernden Greis. Der rieb sich verwundert die Augen und freute sich über den Besuch. Josefine setzte sich an den Tisch und der Bub machte es sich auf ihren Knien bequem. Jetzt erschien auch Pauls Mama und begrüsste ihre Schwägerin herzlich. Es begann eine ungezwungene Unterhaltung, zu der sich nach ein paar Minuten auch Josefs Mutter Karolina gesellte. «Bitte, bitte, Zio Bartholomä, erzähl uns eine Geschichte vom Papa in Rom und von seinem Schweizer Garten!», unterbrach der Kleine stürmisch das Gespräch der Erwachsenen. «Bitte, bitte, eine mit viel Soldaten, Schiessgewehren und richtigem Kanonendonner!»

Das Wappen der Familie Arnold schmückte ein weisser Hellebardier auf rotem Grund. Das Kriegshandwerk gehörte zur Familientradition. So war auch Bartholomä, wie schon zahllose Urner vor ihm, jahrelang in fremden Kriegsdiensten gestanden. Er hatte sich als junger Mann ins Schweizerregiment des Königs von Neapel anwerben lassen, wo er gewissenhaft diente, jedoch im Strassenkampf gegen das aufständische Volk ein Auge verlor. Kampfuntauglich geworden musste er schweren Herzens seinen Abschied nehmen und der Sonne des Südens den Rücken kehren. Auf dem Rückweg fand er – mit einem persönlichen Empfehlungsschreiben von Brigadegeneral von Wyttenbach ausgerüstet – bei der altehrwürdigen Schweizergarde in Rom Unterschlupf. Hier traf er auf andere Urner und erhielt als Kantinengehilfe eine Aufgabe, bei der es von Vorteil war, wenn man als Einäugiger nicht immer alles zu genau sah. Die vollmundigen Schilderungen aus der Militärzeit fesselten seine Zuhörer, vor allem weil Wahrheit und Dichtung im Schwung ineinander zerflossen, ähnlich wie Lab und Milch beim Käsen.

Der redselige Alte schloss seine Augen für einen Augenblick, dann begann er zu erzählen: «Die Truppen Piemonts, unter dem Teufel Garibaldi höchstpersönlich, drängten sich näher und näher an die Ewige Stadt heran, blutgetränkt drohte das Morgenrot am Horizont. Den Süden hatten sie schon niedergemacht. Bei uns im Gardequartier stand ständig ein halbes Geschwader in Alarmbereitschaft, jedoch nicht nur mit der Hellebarde, wie üblich, sondern mit dem scharf geladenen Remington-Gewehr im Anschlag. An Schlaf dachte keiner. Diese Vorsicht war angebracht, denn in der Stadt waren fortlaufend Verschwörungen aufgedeckt worden. Auf der Piazza Colonna, im Zentrum von Rom, warf ein Aufständischer eine Bombe in eine Gruppe päpstlicher Offiziere. Selbst ein Attentat auf die trutzige Engelsburg war geplant. Dort hatte man sechs Artilleristen bestochen, die Kanonen zu vernageln, und wollte mittels Zündschnüren Tausende Kilo Pulver im Magazin in die Luft sprengen. Wäre diese gotterbärmliche Schandtat gelungen, dann würde die Stadt Rom heute nicht mehr auf den Landkarten zu finden sein.»

Pauls Augen wurden immer grösser. Josefine hatte diese Geschichte in einer ähnlichen Version schon gehört; es war die dramatische Schilderung, wie die Stadt Rom 1870 von den Truppen Garibaldis eingenommen wurde: die emotionale

Darstellung der Vereinigung Italiens und des unabwend-
baren Untergangs des Kirchenstaates, gefolgt vom Rückzug
von Papst Pius IX. ins Innere des Vatikans. Das Ende der
Erzählung kannte sie bereits. Sie folgte dennoch weiter den
Ausführungen des ehemaligen Soldaten. Eingehüllt in eine
süsse Rauchwolke fuhr er weiter: «Nachdem wir am Tag vorher den Papst noch zur Heiligen Treppe bei der Lateran-
basilika eskortiert hatten, wo er zum letzten Mal öffentlich
auftrat und seine Römer segnete, begann am Morgen des
20. September ein mörderisches Kanonenfeuer; gerade so,
als sei das Ende der Welt gekommen. Nach fünf Stunden
hatte die unerbittliche Kanonade eine Bresche in die Stadt-
mauer geschlagen. Ich und meine Kameraden waren bereit,
das Leben für unsere heilige Kirche zu opfern. Doch der
Papst höchstpersönlich ordnete an, auf keinen Fall zurück-
zuschiessen.» Der kleine Paul war sichtlich enttäuscht, denn
nur allzu gern hätte er den Schilderungen eines blutigen
Gemetzels gelauscht.

Bartholomä wirkte wie ein Prediger; er hob den rechten
Zeigfinger: «So liess unser General, der alte Kanzler aus dem
Badischen, weisse Fahnen hissen. Die meisten Angreifer
stellten ihr Feuer sogleich ein, nur die Division Bixio schoss
mit voller Wucht weiter. In der Stadt hielt sich das kleine
päpstliche Heer, in dem sich unzählige Schweizer befanden,
sehr tapfer und gab ein heldenhaftes Beispiel an Treue. Die
Piemontesen besetzten die Stadt bis hin zur Engelsburg,
sodass das vatikanische Gebiet noch frei blieb. Dann trieb
man die italienischen Soldaten in römische Kasernen,
während wir Ausländer freies Geleit erhielten.» Paul wurde
unruhig.

«Die letzte Nacht verbrachte ich draussen, zusammen mit
den anderen auf dem Petersplatz», fuhr Bartholomä mit
feuchten Augen fort. «Beim Hauptmann der Schweizer-

garde hatte ich mich abgemeldet. Geld konnte er mir nicht auszahlen, da die Truhe mit dem Sold in ein sicheres Versteck gebracht worden war. Da sass ich nun unter dem römischen Nachthimmel, meine Habseligkeiten in einem Beutel verstaut, und wartete mit Männern aus Frankreich, Belgien, Spanien und mit einer grossen Anzahl Eidgenossen auf den Tagesanbruch. Immer wieder stiegen Hochrufe auf den Papst zum Apostolischen Palast empor. Als am Morgen der Abmarsch begann, öffnete der Heilige Vater sein Fenster und erteilte uns den Segen. So zogen wir zu Fuss durch halb Italien und über den Gotthard in die Heimat zurück.»

Der Jüngste der Familie hatte sich bereits gelangweilt von Zio Bartholomä abgewandt und schlurfte demonstrativ in der Stube herum. Diese Geschichte war ihm eindeutig zu wenig spektakulär. Josefine erkundigte sich beim leidenschaftlichen Erzähler: «Bartholomä, hast du eigentlich in der Ferne nie unter Heimweh gelitten?» Es wurde ruhig in der Stube, noch ruhiger als sonst; man hörte die Wanduhr ticken. In der Küche knisterte das Feuer, draussen war das Gekreische eines Vogels zu vernehmen. «Jeden einzelnen Tag», kam es dem Ältesten der Arnolds nur mühsam über die Lippen, «jeden einzelnen Tag litt ich unter Heimweh. Manchmal war es so schlimm, da half nur noch der Wein. Viel Wein. Nur so konnte man diesen unheimlichen Schmerz aushalten, der» – er schlug sich mit der rechten Faust auf die Brust – «ganz tief hier drin wütete.» In diesem Moment wurde die Haustüre aufgestossen und Josef, gefolgt von seinem Vater Zacharias, trat ein. Josefine erhob sich und wandte sich ihrem Ehemann zu. Sie küssten sich zurückhaltend, doch der kleine Paul brüllte: *Wäh, Unkel Seppi, das darfsch nitt mache, das isch grüüsig!* Alle lachten.

Lustige Geschichten machten die Runde. Als die Sonne in ihrem roten Kleid hinter den Berghängen verschwand, begab sich das junge Ehepaar, gestärkt an Leib und Seele, auf den Abstieg. Sie befanden sich schon fast ausser Sichtweite der Alp, als sie Zacharias' helle Stimme vernahmen, die vom Berg her erscholl. Er hatte, einem alten Brauch gehorchend, zum Betruf angesetzt. Die beiden Neuvermählten blieben unvermittelt stehen, blickten zurück und liessen sich von der Wirkung des Gebetsgesangs einfangen. Ganz oben am Hang, vor dem Eingang zum Stall, konnten sie den bärtigen Senn in seiner Kutte mit dem hölzernen Schalltrichter erkennen, wie er, halb sprechend, halb singend, den himmlischen Beistand erflehte:

« Miär riäfet z'lobä,
all Schritt und Tritt,
i Gott's Namä lobä.
Hiä uff derä Alp isch ä goldigä Ring,
dri wohnt diä liäb Müettergottes mit
ihrem härzallerlieäbschtä Jesuschind.
Jesus, Maria und Josef.
Ave Maria, Maria, ave Maria.
Jesus, Herr Jesus,
unser allerlieäbschter
Herr Jesus Christ,
Gott bhiät und bewahr ys und alles
was da isch und drzüä gheert.
Ave Maria, das walte Gott und
dr lieäb Sant Antoni und
dr lieäb Sant Wändel,
diä wellet ys ds Veeh bhieätä und
bewahrä hiä uff derä Alp.
Ave Maria, das walte Gott und
dr liäb Sant Michel, är well ys
bschitzä und bewahrä a Lyb und Seel.
Ave Maria, das walte Gott und
dr heilig Sant Josef, är well ys

z'Hilf und z'Troscht cho,
jetz und de uff yserm Todbett.
Ave Maria, das walt Gott und
dr heilig Brüeder Chläuis, är well
ys bhieätä und bewahrä vor Chriäg
und Hungersnot.
Ave Maria, leschet Fyr und Lieächt,
uff dass ys Gott und Maria
wohl behieätet.
Ave Maria. Alles im Namä der
hochheiligschtä Dryfaltigkeit
Gott Vater, Gott Sohn und Gott
heiliger Geischt.
Das walte Gott
und das lieäb heilig Chryz.
Gelobt sei Jesus Christ,
gelobt sei Jesus Christ,
gelobt sei Herr Jesus Christ.»

5

Unten im Tal mogelten sich die Tage durch die brütende Last des Sommers. Josefine war gefordert wie noch nie zuvor, doch sie fühlte sich rundum glücklich in ihrer Welt, die sich von Altdorf bis nach Flüelen und zurück über Seedorf erstreckte. Den Dienst im Grand Hotel konnte sie ohne Einschränkungen erfüllen. Die Sullivans waren abgereist und hatten ihr scherzhaft gedroht – nachdem sie ihnen von den Plänen ihres Ehemanns erzählt hatte –, sie würden nie mehr zurückkehren, wenn sie nicht im «Adler» bleibe. Neue Gäste waren eingetroffen, darunter auch einige aus Amerika. Amerika war auch am Küchentisch das Dauerthema: Amerika, Amerika, Amerika. Auf Josefine wirkte dieses vermaledeite Wort wie ein nicht enden wollendes Echo. «Amerika» – jemand hatte es aus voller Brust in die Welt hinausgerufen, ähnlich wie bei einem Betruf, getragen von Zuversicht und Erwartungen, und nun schien es endlos weiterzuhallen. Sie konnte es nicht mehr hören; am liebsten hätte sie sich jedes Mal die Ohren zugehalten, wenn es sich ungebeten in eine Unterhaltung mischte: «Amerika, Amerika, von nun an bis in alle Ewigkeit, Amen.»

Der August bescherte der werdenden Mutter Beschwerden. Die leidliche Wärme, die träge im Tal herumkroch, raubte ihr den Atem. Ende Monat wurde es ihr beim Aufdecken im kleinen Salon schwindlig. Sie musste sich kurz hinsetzen und aufpassen, dass niemand von der Aufsicht ihre Schwäche bemerkte. Josef sprach Tag und Nacht nur noch von Wisconsin und der einmaligen Chance, die eine Auswanderung bot. Am letzten Sonntag des Monats weilte seine Cousine mütterlicherseits, Aloisia Haas, in Altdorf. Sie war einen

Steinwurf entfernt von Josefine aufgewachsen. Ihr Vater, Franz Haas, arbeitete in der nahe gelegenen Munitionsfabrik und hatte elf Kinder zu ernähren. Da war jede noch so kleine finanzielle Unterstützung eine Wohltat. Die Dreiundzwanzigjährige war ebenfalls unheilbar mit dem Amerikafieber infiziert; auch sie hatte in Gedanken die Koffer schon gepackt. Wie im Wahn ergänzte sie Josefs Schwärmereien vom gelobten Land. Ihre Wunschdestination war jedoch nicht Wisconsin, sondern Illinois. «Chicago in Illinois», wiederholte sie gebetsartig, als wäre es ein Zauberspruch. Dort hatten ihr Verwandte zugesichert, sie in Dienst zu nehmen. Aloisia hatte zwar eine Anstellung in Olten, wo sie im Restaurant Feldschlösschen servierte, doch sie war es leid, den ganzen Tag Teller und Gläser durch die verqualmte Gaststube zu schleppen. «Da kann ich mein Geld in Amerika leichter verdienen und meine Familie besser unterstützen», behauptete sie und stimmte mit Josef in den Refrain ein: «Diese Gelegenheit kommt kein zweites Mal, die müssen wir jetzt packen, sonst werden wir es ein Leben lang bereuen.»

Josef hatte also unerwartet Verstärkung erhalten. Nun wurde er in seinem Ansinnen lautstark unterstützt. Mitte September tauchte Aloisia erneut in Altdorf auf. Josefine wurde mit der fünf Jahre älteren Nachbarin einfach nicht recht warm. Als *Tanzfitlä* hatte sie Zio Bartholomä bezeichnet, als an einem Sonntag das Gespräch auf sie gekommen war. Die aufgeweckte Serviertochter strahlte Abenteuerlust aus und sprach ohne Punkt und Komma. Diesmal arrangierte Josef eine Zusammenkunft im Biergarten des Gasthauses Schützenmatt, in der Nähe des Tellspielhauses. Man gönnte sich eine grosse Portion Schinken mit Kartoffelsalat. Josefine trat den noch halb vollen Teller an ihren Ehemann ab, ihr war der Appetit vergangen. Sie fühlte sich nicht wohl. Aloisia platzierte theatralisch ein braunes Couvert auf dem Tisch. Zeremoniell entnahm sie der Hülle Fotografien und

Briefe. Begeistert zeigte sie Bilder von ihren und Josefs Verwandten, die es in Amerika bereits zu etwas gebracht hatten. Einer hatte sogar eine Käserei übernommen, wo er Angestellte beschäftigte. Dieser Käse, berichtete Aloisia stolz, sei schon bis nach Alaska und noch weiter hinauf bekannt.

Aloisia zog es zu ihrer Tante, die in einem Vorort von Chicago lebte. Sie berichtete stolz, dass die ihr zugesichert habe, sie im Haushalt einer angesehenen Arztfamilie unterzubringen. Diese Stelle könne sie bereits im kommenden Frühling antreten. In Chicago gebe es immer etwas zu tun. Aloisia schloss ihre enthusiastischen Ausführungen mit der Bemerkung: «Auch für dich, liebe Joscfine, gibt es bestimmt eine Beschäftigung, wenn es euch in Wisconsin nicht gefallen sollte. In den riesigen Hotels, die mehr als zwanzig Stockwerke in den Himmel ragen, da braucht es ständig Personal.» Josefine lächelte gequält. Sie wusste, dass sie nur im «Adler» die Gäste bedienen wollte und sonst nirgends auf der ganzen weiten Welt.

Doch das leichte Rad des Schicksals dreht sich in schnellen Kreisen: Am letzten Septembertag wurde das Personal des Grand Hotels Adler zusammengerufen. Direktor Aschwanden, ein feiner Herr mit gezwirbeltem Schnauz, den Josefine noch nie ohne weisses Hemd und Fliege gesehen hatte, trat mit ernstem Gesicht vor die versammelte Belegschaft. Die Worte krochen zögerlich über seine Lippen: «Ab Montag braucht es hier täglich nur noch fünf Personen im Dienst. Die Geschäfte gehen schlecht, was bestimmt nicht euer Fehler ist. Unser Haus hat zu kämpfen, so wie auch die anderen Hotels in Flüelen und im ganzen Kanton. Für nächsten April kann ich euch kaum Hoffnung machen. Es tut mir leid, doch die internationalen Gäste wollen lieber an den Genfersee, für Wasserkuren ins Engadin oder an den sonnenverwöhnten Lago Maggiore.»

Diese Unheilsbotschaft rumorte in Josefines Kopf. Ihre Zukunft sah auf einmal nicht mehr rosig aus, obwohl sie bestimmt in einem anderen Hotel oder Restaurant eine Anstellung finden würde. Doch der «Adler» war ein wichtiger Teil ihres Lebens geworden. Es wirkte wie blanker Hohn, als sie auf dem Heimweg in der Strassenbahn eine Annonce des Verkehrsvereins Urserntal las: «Während dichter Nebel die Ebene einhüllt und die Menschen mit Rheumatismen, Influenza etc. plagt, ist es eine wahre Lust, in bequemer Sportkleidung mit Schlitten oder Ski in warmem Sonnenschein, sich im Freien zu tummeln, die reine staubfreie, trockene Bergluft in kräftigen Zügen einzuatmen.» Zu Hause erzählte sie vorerst nichts. Doch die drohende Arbeitslosigkeit lastete mehr auf ihr als die Angst vor einer schweren Krankheit. Sie wollte es nicht wahrhaben. «Das Leben ist halt so», versuchte sie sich einzureden, «das ist nur schwer zu ertragen, doch es ist wie beim Jassen: Der Zufall mischt die Karten und man muss wohl oder übel damit spielen.» Schöne Worte – wenig Wirkung.

Die hellen Stunden waren jetzt an einer Hand abzuzählen. Im November legte sich eine feuchte Nebeldecke auf die Häuser und Ställe. Felder und Wiesen waren menschenleer, in den Gassen Altdorfs huschten vermummte Gestalten von Tür zu Tür. Die Kraft der Sonne nahm täglich ab, Josefines Bauch hingegen gewann jeden Tag an Umfang. Die meiste Zeit verbrachte sie zu Hause. Mutter Elisabeth hatte ihr ausführlich von ihrer Geburt vor achtzehn Jahren berichtet: *Schosi, dü bisch äs Fineggäli gsi.* Diese Schilderungen gaben ihr Kraft, weckten Vertrauen, lösten jedoch auch eine Kaskade von Fragen aus: Würde sie die zu erwartenden Strapazen überstehen? Würde sie alles richtig machen? Würde sie eine gute Mutter werden? Konnte sie sich auf Josef an ihrer Seite verlassen? Was würde das nächste Jahr bringen?

Oft sass die junge Frau stundenlang allein in der schlecht geheizten Stube und starrte nachdenklich zum Fenster hinaus. Josef sprach nur noch von Amerika. Was vor seiner Haustüre passierte, interessierte ihn nicht mehr. Seine Zukunft sah er auf der anderen Seite des Ozeans. Seine Zukunft, die Zukunft von Josefine, die Zukunft «seiner» Familie. Doch stopp, da hatte sie doch auch ein Wörtchen mitzureden. Das schien er vergessen zu haben. Die Schwärmereien ihres Ehemanns schlugen ihr auf das Gemüt. Aber es fehlte ihr die Kraft, in der immer stärker werdenden Strömung das Ruder herumzureissen.

So vieles in ihrem Leben schien plötzlich weit weg zu sein. Mit einer Schnur hatte sie versucht, im Weltatlas der Pfarrbibliothek die Entfernung zwischen der Schweiz und Wisconsin auszumessen. Anhand der Skala, die unten auf der Karte aufgeführt war, berechnete sie eine Gesamtdistanz von mehr als 7000 Kilometern; sie staunte, doch es war ihr sofort klar: Das war nur die direkte Luftlinie. Allein die Transatlantikroute erstreckte sich auf über 5000 Kilometer. «Von Altdorf nach Luzern sind es 50 Kilometer», verglich sie, «schon das ist eine stundenlange Reise.» 5000 Kilometer im starren Leib eines Ozeandampfers – unvorstellbar! Josefine lief es kalt den Rücken hinunter, wenn sie sich die monotonen Tage auf hoher See vorstellte; bereits die einstündige Überfahrt nach Brunnen war ihr schlecht bekommen. Noch war kein Telegramm nach Wisconsin abgegangen. Noch war zum Glück nichts Genaues vereinbart worden. Noch bestand die Hoffnung, dass alles blieb, wie es war.

Wenn überhaupt eine längere Reise, dann stellte sie sich einen Flug mit einem der neumodischen Luftschiffe vor. Im letzten Jahr war einer dieser fliegenden «Kartoffelsäcke», die «Stadt Luzern», über dem Urnersee aufgetaucht. Der Zeppelin war Stunden vorher neben der Luftschiffhalle auf

Tribschen gestartet. Mit diesem Fluggerät konnte man zwar nicht nach New York fliegen, aber immerhin rund um die Rigi oder gar nach Zürich. Der unermessliche Himmel, der überhaupt keine Grenzen kannte, in dem sich keine Hindernisse befanden, schien in ihren Augen weit ungefährlicher als die zwischen den Kontinenten eingeklemmten Meere, deren Abgründe unberechenbar waren.

Zwei Wochen davor war sie in der «Illustrierten Zeitung» dem österreichischen Schneider Franz Reichelt begegnet: eine unfassbare Geschichte von einem Fantasten, der mit einem selbst konstruierten Fallschirmanzug von der ersten Aussichtsplattform des Eiffelturms in die Tiefe gesprungen war, um den anwesenden Zuschauern und Fotografen zu beweisen, dass sein aufwendig fabrizierter Flugmantel tadellos funktioniert. Nach wenigen Sekunden war er mit einem dumpfen Knall auf dem gefrorenen Boden aufgeschlagen – ein schauriges Schauspiel für die versammelten Augenzeugen. Durch Josefines Kopf schlich ein düsteres Bild: der zerschmetterte Körper des waghalsigen Österreichers, der auf der Eisfläche lag, und das dickflüssige Blut, das sich mit dem Schnee vermischte. «Das passiert, wenn man seine eigene Spannweite falsch einschätzt», flüsterte eine Stimme tief in ihr drin. Fortan galt ihr diese böse Geschichte als Warnung.

6

Josefines Gesicht glühte, obwohl Ende November die Temperatur unter den Gefrierpunkt gerutscht war. In ihrem Elternhaus in Altdorf zog es durch alle Ritzen. Die Talregionen lagen unter einer Schneeschicht, in den Höhen waren die Alpenübergänge gesperrt und der Winter hatte das Zepter übernommen. Die Menschen zogen es vor, abends zu Hause zu bleiben, um gemeinsam in den warmen Stuben die Adventszeit zu verbringen. Die Kinder waren in erwartungsvoller Stimmung. Heiligabend kündete sich an und die leuchtenden Augen der Kleinen entflammten auch die Herzen der Erwachsenen. In den überfüllten Schulzimmern übte eine kaum zu bändigende Schülerschar «Stille Nacht» und «Ihr Kinderlein kommet».

Auch Josefine fühlte sich von grossen Erwartungen getragen, denn sie war «guter Hoffnung»; ihre Niederkunft stand bevor. Die junge Frau musste ihr Kind zwar nicht im Stall auf die Welt bringen, wie es das Lukasevangelium bezeugte, doch ihr enges Schlafzimmer war auch kein geeigneter Ort für eine Geburt. Am späten Nachmittag des 9. Dezember setzten die Wehen ein. Ihre Mutter bereitete ihr eine *Chindbettisuppä* zu, eine Brotsuppe mit viel Butter, die ihr die nötige Kraft verschaffen sollte. Drei Löffel, mehr vermochte die junge Frau nicht zu essen. Als gegen Abend die Hebamme mit dem zerlegbaren Gebärstuhl in der Küche erschien, schreckte Josefine von ihrem improvisierten Lager hoch, das man ihr neben der Ofenbank bereitet hatte. Was war das bloss für ein absonderliches Möbel? Diese hölzerne Konstruktion mit dem auffälligen Loch in der Sitzfläche erinnerte sie mehr an ein Folterinstrument als an eine Geburtshilfeeinrichtung. Doch die einsetzenden Wehen schwächten ihren Widerstand. Ihre Mutter half ihr auf die Beine. Leben schenken, das fühlte sich für Josefine in diesem Moment an, wie sterben zu müssen. Die Gisler Fini, eine Hebamme aus der Nachbarschaft, die selber acht Kinder zur Welt gebracht hatte, zog ihren schweren Mantel aus: *Güet äso, Mäitli, immer scheen tapfer bliibe!* Die sonore Stimme der erfahrenen Frau wirkte beruhigend. Die Fini war eine starke Frau, von der man sich erzählte, dass sie am Abend nach der Geburt ihres ersten Sohnes schon wieder im Stall gestanden habe, weil ihr Mann noch nicht von der Landsgemeinde heimgekehrt war.

Josefine schleppte sich mit schmerzverzerrtem Gesicht auf das Gerät zu, das mitten in der Küche aufgebaut worden war. Auf ihm hatte schon so manche tapfere Urnerin mit den Unwägbarkeiten der Natur gerungen. Als ihre Mutter vorsichtig die Knöpfe des Nachthemds öffnete, konnte die Hebamme im Dämmerlicht der Küche die «Länge Mariae» erkennen, ein mit Mariengebeten besticktes Band, das man Frauen in katholischen Gegenden kurz vor der Niederkunft umzulegen pflegte. «Grosser Gott, halte deine schützende Hand über die junge Mutter», murmelte die Hebamme und griff in ihre Tasche. Josefine schrie und warf ihren Kopf zurück. Ihre Mutter legte ihr sanft die Hände auf die Schultern. Die Hebamme entnahm ihrem Futteral martialisches Werkzeug. Sie stellte sich vor Josefine hin und liess in entschlossenem Tonfall verlauten: *So, de wèmmer einisch!* Das Mädchen war froh, dass ihr zwei Frauen zur Seite standen, die nur zu gut wussten, was in den nächsten Stunden zu erwarten war. Josef, Giuseppe und den Rest der Familie hatte man unsanft aus der Wohnung bugsiert. Sie warteten im «Schwarzen Löwen» auf Neuigkeiten. Männer in einem Haus, in dem geboren wurde, das brachte Unglück. Da waren sich die Frauen einig.

An das, was nun passierte, konnte sich Josefine später nur noch vage erinnern: eine nicht enden wollende Abfolge von Pressen und Lockerlassen. Bald einmal wollte sie aufgeben, doch die zwei Frauen trieben sie lautstark an. Dann zeigte sich das Kind und rutschte bald schon kopfvoran ins Ungewisse. Das blutverschmierte, kreischende Etwas war ein Junge. Er jammerte, er röchelte, er würgte, er schrie, als würde mit seiner anbrechenden Erdenzeit das Allerschrecklichste auf ihn zukommen. Dann konnte die entkräftete Mutter ihren Sohn zu sich nehmen. Ihre geröteten Augen glänzten. Sie atmete stossweise. *Ä Büeb, ä Büeb!*, kam es heiser über ihre Lippen. *Ä gsundä Kärli, mit erä gwaaltige Stimm,* ergänzte die Gisler Fini, die sich bereits zum Gehen bereitmachte. Die frisch gebackene Grossmutter Elisabeth drängte darauf, dass man den Neugeborenen in ein Hemd seines Vaters einwickelte. Das helfe, den Säugling mit seinem Erzeuger, der im Dorf unten beim Rotwein sass, zu verbinden.

Die frohe Botschaft von der Geburt des Stammhalters drang in Windeseile in die Gaststube des «Schwarzen Löwen». Hier war man sich einig: Das winzige Geschöpf sollte Josef heissen und ein strammer Tellensohn werden. «Ancora un Giuseppe!», posaunte der stolze Grossvater Franchi los und orderte «ancora una bottiglia di Merlot»; auch der sichtlich gerührte Kindsvater trank in ungewohnt langen Zügen. Das pralle Leben hatte wieder einmal alles in die Schranken gewiesen, das sich ihm in den Weg zu stellen versuchte. Es vergingen zwei Stunden, bis der angeheiterte Vater seinen Sohn endlich zu Gesicht bekam. Er traute sich kaum, das Kindlein zu berühren. Voller Ehrfurcht blieb er auf Distanz, näherte sich zögerlich und bückte sich zu seiner erschöpften Frau hinunter; es fiel ihm nichts Passendes ein, was er in diesem Moment hätte sagen können, und so blieb er stumm. Ganz im Gegensatz zu seinem Sohn. Dessen heisere

Schreie waren bestimmt bis ins Nachbardorf Bürglen zu vernehmen.

Bei der Taufe steckte der Seppäli in einem weissen Röcklein, das schon seit Generationen in der Familie Arnold feierliche Verwendung fand. Josefine, noch immer von der Geburt geschwächt, hielt ihren Sohn, der seine kräftige Stimme erschallen liess, an ihre Brust gedrückt. Sie schielte in der Kirche zum Bild mit Maria und dem Jesuskind, das vorne im Altarraum hing und ihr so viel bedeutete. Jetzt war auch sie Mutter geworden. Ihr Kind lag zwar nicht in einer Krippe, doch es lag hilflos in ihren Armen. Sie verlor sich in ihren Gedanken, während Pfarrer Gislers tragende Stimme erklang: «Zu derselben Stunde traten die Jünger zu Jesu und sprachen: Wer ist doch der Grösste im Himmelreich? Jesus rief ein Kind zu sich und stellte das mitten unter sie und sprach: Wahrlich, ich sage euch: Es sei denn, dass ihr umkehret und werdet wie die Kinder, sonst werdet ihr nicht ins Himmelreich kommen. Wer nun sich selbst erniedrigt wie dieses Kind, der ist der Grösste im Himmelreich. Und wer ein solches Kind aufnimmt in meinem Namen, der nimmt mich auf.» Als die Stirn des Kleinen mit Wasser übergossen wurde, erstarb abrupt sein Schreien und er riss seine Äuglein auf. «Untergehen musst du, damit du in Jesus neu geboren werden kannst», führte der Priester aus. «Das Wasser soll dich reinigen, damit du Teil der heilbringenden Gemeinschaft in Christus wirst. Amen.»

Nach dem Kirchgang versammelte man sich im ersten Stock des «Schwarzen Löwen» zu einem Imbiss. Beide Grossväter hatten etwas Geld ausgelegt, damit sich die kleine Gesellschaft eine Scheibe Sonntagsbraten, Kartoffelstock und ein Glas Wein gönnen konnte. Josefine vermochte nur mit Mühe die Augen offen zu halten. Ihren Sohn hatte sie der Obhut ihrer Schwiegermutter anvertraut. Sie war zweifellos eine glückliche Mutter, doch die neue Aufgabe türmte sich wie ein unbezwingbarer Gipfel vor ihr auf. Es war eine Menge Unerwartetes auf sie zugekommen. Klar, sie musste noch viel lernen, doch warum war das Leben auf einmal so schwierig geworden? Josef nahm das Kind ungeschickt in seine Arme. Er wirkte dabei alles andere als fröhlich. Erleichtert reichte er das verletzliche Wesen nach kurzer Zeit einer der erfahrenen Mütter weiter.

Die ersten Weihnachtstage brachten einen Wetterwechsel. Es wurde spürbar wärmer. Die Kinder trauerten der weissen Pracht nach, die innert Stunden von Plätzen und Wiesen verschwunden war. An Heiligabend sctzte Nieselregen ein. Josefine war froh, dass die Kälte fürs Erste vertrieben war. Der Frost war ihr in die Glieder gefahren. Den Mitternachtsgottesdienst hatte sie zum ersten Mal seit Jahren ausgelassen, da der kleine Josef fiebrig wirkte. Ihre Mutter unterstützte sie bei der Pflege. Josefine vermisste das feierliche «Stille Nacht» bei Kerzenschein in der abgedunkelten Kirche, doch bestimmt würde sie im nächsten Jahr wieder hoffnungsvoll mit einstimmen.

7

Das neue Jahr war gerade einmal drei Tage alt, als Josef aufgeregt mit einem Papierfetzen in die Küche platzte. «Post aus Wisconsin!», jubelte er. Wie ein Blitz aus heiterem Himmel wurde das Thema Amerika in Josefines Leben zurückgeschleudert. «Stell dir vor, Ambros hat geschrieben, dass sich im Frühling eine gute Gelegenheit bietet, um nach Amerika zu reisen. Die zwei Tickets für uns kann er schon nächste Woche bestellen!» Als Josef den wenig erfreuten Gesichtsausdruck seiner Frau bemerkte, ergänzte er seine Ausführungen: «Der kleine Josef wird in einem Jahr nachkommen, dann kann er sein Leben in einer neuen Welt beginnen und ein richtiger Amerikaner werden.» Josefine verliess stumm die Küche und schloss die Türe zu ihrer Kammer. «Ein richtiger Amerikaner», hallte es in ihrem Kopf nach. «Mein Sohn ist ein Urner und sicher kein Amerikaner», dachte sie und nahm ihr schlafendes Kind aus dem Bettchen. Sie wiegte es in ihren Armen hin und her. Nun war klar geworden: Ihr Ehemann hatte vergessen, seinen Angehörigen in Amerika mitzuteilen, dass sie jetzt eine kleine Familie waren. Josef war in der Küche zurückgeblieben und traute sich nicht, seiner Frau zu folgen.

Der kleine Josef schrie sich durch seine ersten Lebenswochen. Es verging kaum eine halbe Stunde, ohne dass er nicht von einem Schreikrampf durchgeschüttelt wurde. Der Neugeborene war eine Herausforderung, er beschäftigte die ganze Familie. Am Abend legte sich die junge Mutter erschöpft ins Bett und hoffte, zwei, drei Stunden Schlaf zu ergattern. Sie fühlte sich ausgelaugt. Ohne die Hilfe ihrer Familie wäre sie verloren gewesen. In diesen kraftlosen

Tagen zeigte Josefs anhaltende Werbung zum ersten Mal Wirkung: Josefine konnte ihre sonst schon schwache Gegenwehr nicht mehr aufrechterhalten. Tränenüberströmt stimmte sie einer Überfahrt zu, unter der Voraussetzung, dass der kleine Josef von ihrer Cousine, Marta Tresch, im nächsten Jahr nach Amerika mitgebracht werden würde. Deren Auswanderung war bis ins Detail geplant, es fehlte lediglich noch ein Teil des Geldes für die Reise.

Die neue Welt biete ja vielleicht doch ungeahnte Möglichkeiten, versuchte sich Josefine zu beruhigen, eine solche Gelegenheit ergebe sich kein zweites Mal. Ihr Mann hatte sie zwar nicht überzeugt, aber ihren Widerstand gebrochen. Und so liess Josef nach New Glarus telegrafieren: «Wir kommen baldmöglichst – zu dritt – Josef.» Nach dieser Entscheidung, die ihr schlaflose Nächte bereitet hatte, fühlte sie sich wie eine Verräterin. Es wurde ihr schmerzhaft klar, dass sie Josefs Schwärmereien missbrauchte, um ihrer Überforderung als Mutter zu entkommen. Sie fühlte sich hilflos, obwohl sie von ihrer eigenen Mutter immer wieder für ihre Tapferkeit gerühmt wurde. «Was bin ich bloss für eine Rabenmutter!», echote es in ihrem Kopf. Ja, sie war tatsächlich eine schlechte Mutter, da sie vor ihrer heiligen Pflicht davonlief, ihr Kind in einer vertrauten Umgebung grosszuziehen. Das war in ihren Augen feige und durch nichts zu entschuldigen. Wenn das alles nur kein schlimmes Ende nehmen würde.

Die Bestätigung aus Amerika liess nicht lange auf sich warten. Der Abreisetermin wurde auf Ostermontag festgelegt. Die Bahnreise führte von Flüelen über Luzern via Olten nach Basel. In Olten würde Cousine Aloisia zusteigen. Ziel der ersten Etappe war das Hauptbüro der Transport- und Auswanderungsagentur «Im Obersteg & Co.» in Basel, wo die vorausbezahlten Schiffsfahrkarten bereitlagen. Hier konnte das Gepäck aufgegeben werden. Von Basel gelangte der Schnellzug über Strassburg, Luxemburg, Brüssel nach Ostende an die Kanalküste. Nach einer Übernachtung folgte die Überfahrt mit der Fähre nach Dover. Gegen Abend traf man in London ein, um von dort am nächsten Morgen den Schlussteil der Landreise bis nach Southampton in Angriff zu nehmen, wo am Mittag des 10. April ein Liniendampfer der White Star Line in See stach. Nach sechs Tagen auf dem Atlantischen Ozean stand in der Penn Station in New York der Zug für die zweite Bahnreise bereit. Ziel war der Bahnhof Madison, wo sie Ambros mit dem Pferdefuhrwerk abholen würde.

Josefine wiederholte die Destinationen immer wieder. Es klang wie die Namen der Heiligen in einer Litanei, irgendwie bekannt und doch so fremd: «Basel, Strassburg, Brüssel, Ostende, Dover, London, Southampton, New York, Philadelphia, Chicago, Rockford, Madison», und das Ganze noch einmal von vorne: «Basel, Strassburg, Brüssel, Ostende, Dover, London, Southampton, New York, Philadelphia, Chicago, Rockford, Madison». Das monotone Herunterbeten verschaffte ihr die Zuversicht, dass sie diese wahnwitzige Reise heil überstehen würde. «Basel, Strassburg, Brüssel, Ostende, Dover, London, Southampton, New York, Philadelphia, Chicago, Rockford, Madison». Als Aufzählung tönte es für sie nicht nach 7000 beschwerlichen Reisekilometern, sondern nach einem überschaubaren Tagesausflug.

Mitte März, kurz vor Josefs fünfundzwanzigsten Geburtstag, traf die Bestätigung für die Tickets mit den Nummern 31 441 und 31 442 ein. Der Amerikafahrer war ausser sich vor Freude. Er war seinem Ziel zum Greifen nah gekommen. «Jetzt wird alles gut», murmelte er immer wieder vor sich hin und hielt das Papier gegen das Licht, als ob er prüfen wollte, dass die Karten wirklich echt waren. Alles war geplant, alles war bezahlt, da konnte nichts mehr schiefgehen. Sie mussten lediglich die Verpflegung für unterwegs mitnehmen. Er hatte seinen Koffer bereits seit Tagen gepackt, obwohl die Abreise erst in zwei Wochen erfolgte. Allzu viel wollte der Urner Landarbeiter nicht mitnehmen. In Amerika würde er ganz neu beginnen. Dort drüben bekam jeder ein Startkapital, davon war er überzeugt. Mit dem ersten Geld würde er sich eine neue Mütze kaufen, das hatte er sich geschworen. Eine elegante Cordmütze mit Schirm, und etwas später einen extra auf ihn zugeschnittenen Kittel. Seine Verwandten sollten staunen, wenn er die ersten Fotografien aus Wisconsin nach Altdorf schicken würde. Josef Arnold, nein: Mister Joseph Arnold – alter Name, neuer Mensch.

Josefine zählte die Tage. Sie tat es nicht aus Vorfreude, sondern aus Besorgnis. Sie war angespannt und wusste nicht, was sie überhaupt einpacken sollte. Josef hatte ihr mitgeteilt, dass jeder Auswanderer einen Drittel Kubikmeter Gepäck aufs Schiff mitnehmen dürfe. Er konnte ihr allerdings nicht zeigen, wie viel das konkret war. «Einen Reisekoffer voll – randvoll», hatte er ergänzt. Viel Persönliches besaß Josefine zwar nicht, doch einiges musste sie wohl oder übel zurücklassen. Was sollte sie anziehen? War es auf dem Ozean kälter als hier in den Alpen? Sicher windiger, darum kaufte sie mit dem ersparten Geld im Warenhaus «Zur Stadt Paris» einen dunkelblauen Wollmantel mit einem steifen Kragen, dazu einen Schal. Der seit Wochen gut gelaunte Josef jauchzte, als er sie zum ersten Mal zu Gesicht bekam: «Oha, da haben wir ja schon eine richtige Madam!» Wobei er das Wort «Madam» wie «Mädäm» aussprach. «In London oder New York sind sicher alle Menschen wunderschön gekleidet», stellte sich Josefine vor, da konnte es nur von Vorteil sein, einen anständigen Mantel zu tragen. Viel mehr zu denken gab ihr, was sie über ihren zukünftigen Wohnort erfahren hatte: «In Wisconsin gibt es furchtbar kalte Winter», hatte erst kürzlich ihr Schwager gewarnt. Doch auch das würde sie überstehen, wenn sie ihre dicken Strumpfhosen und die gestrickte Mütze von Tante Angela Maria einpackte.

Die Tage schlichen konturlos durchs Tal. Josefine fühlte sich wie eine ferne Zuschauerin, die nicht mehr ins Geschehen eingreifen konnte. Auch die Fasnacht hatte sie aus Distanz miterlebt, den wallenden Geräuschteppich in sich aufgesogen. Der März verstrich langsam wie im Wartezimmer. Dann war auf einmal die Verabschiedung angesagt. Die junge Mutter wollte es nicht wahrhaben. Es hatte sich mittlerweile herumgesprochen, dass die Arnolds nach Amerika auswanderten. Viele waren schon vor ihnen gegangen, viele würde es auch zukünftig in die Fremde ziehen. Obwohl Josef bei jeder Gelegenheit betonte, dass es nur ein erster Besuch sei, um die Möglichkeiten abzuschätzen, rechnete niemand ernsthaft damit, die beiden je wieder in Altdorf zu Gesicht zu bekommen. Einige waren neidisch, obwohl sie es sich nicht anmerken liessen. Andere bedauerten den Entschluss des jungen Paares und betonten, wie schrecklich es sei, dass man das Neugeborene in der Heimat zurücklassen musste. Die meisten wünschten ihnen aber eine sichere Überfahrt und gutes Gelingen in der neuen Welt. Josefine und Josef liessen, wie es üblich war, eine Woche vor ihrer Abreise in der «Gotthard-Post» eine Annonce abdrucken:

Zum Abschied
Josef Arnold und Josefine Arnold, geborene Franchi,
aus Altdorf
Anlässlich unserer Abreise nach Amerika
rufen wir allen unseren Verwandten, Freunden
und Bekannten ein herzliches
Lebet wohl!
zu

Ostern verbrachte die junge Familie noch einmal mit ihren Angehörigen. Der umtriebige Josef kannte kein anderes Thema mehr als die Überfahrt. Im Kopf war er schon längst über den Atlantik entschwunden. Josefines besorgte Mutter schluchzte laut am Mittagstisch, das war noch nie vorgekommen. Sogar die Grossmutter konnte man weinen sehen, obwohl sie es zu verbergen versuchte. Die Stimmung in der sonst so heimeligen Stube war unangenehm. Niemand blieb längere Zeit sitzen. Josefine musste bei ihrem Abschiedsbesuch auf dem *Gezig* dem kleinen Paul hoch und heilig versprechen, dass sie ihm so bald wie möglich eine Ansichtskarte schicken würde. «Am liebsten mit einem grossen Kriegsschiff drauf», präzisierte der Knabe. Auch Zio Bartholomäs Augen glänzten beim Lebwohl und er umarmte die Wegziehenden mit unerwarteter Heftigkeit: Zwei weitere Heimatflüchtige auf der Suche nach einem besseren Leben – das alles kam ihm bekannt vor. Er hoffte, dass die beiden in Amerika glücklich würden, nicht so wie er damals im Süden.

An Karsamstag war Josefine, tief in Gedanken versunken, ganz allein zur Pfarrkirche von Altdorf hinaufgeschlendert. Vor dem Martinsaltar betete sie inbrünstig für eine sichere Überfahrt. Sie zündete Kerzen an und bat den heiligen Martin, dass er ihren Sohn und ihre Familie auf all ihren Wegen beschützen möge. Sämtliche Kruzifixe in der Kirche waren, im Gedenken an den Martertod Christi, mit violetten Tüchern verhüllt. Die Auswandererin vermeinte in der verlassenen Kirche die Grabesruhe am eigenen Leib zu verspüren. Eine Grabesruhe, die bleischwer auf ihrem Gemüt lastete. Sie setzte sich in die erste Reihe und betrachtete zum letzten Mal die Muttergottes, wie sie sich liebevoll um ihren Sohn kümmert. Das Bild brannte sich in ihrem unruhigen Kopf ein. «Ich kann ja immer noch hierbleiben, bei meiner Familie! Warum muss man alles verlassen, was einem lieb ist?» Eine Antwort erhielt sie nicht. Sie begab sich nach Hause und füllte im Gärtchen ihrer Mutter eine kleine Kaffeedose voll mit Erde. Eine Hand voll Heimat wollte sie mit nach Amerika nehmen.

8

Am Ostermontag, in aller Herrgottsfrühe, begann das Abenteuer. Ein Abenteuer, das sich für Josefine wie eine unausgesprochene Drohung anfühlte. Von Osterfreude war im Hause Franchi in den vergangenen Tagen nichts zu spüren gewesen. Die junge Mutter hatte die ganze Nacht kein Auge zugetan. Sie hatte die Stunden gezählt, gehofft, dass es nicht Morgen wird. Der Kleine lag seit Tagen mit Fieber in der Wiege. Auch in den Abschiedsstunden glühte sein Gesicht. Sie wagte es nicht, ihn zu sich unter die Decke zu nehmen. Vor ihr lag ein zerbrechliches Geschöpf, das noch nicht richtig im Leben angekommen war. Es schien, als würde das Kind von einer bösen Vorahnung gequält. In einem Anflug von Verzweiflung hatte Josefine vorgeschlagen, zusammen mit ihrem Sohn zurückzubleiben, um ein paar Monate später nachzureisen. Doch sie wusste selbst, dass es eine spätere Gelegenheit nicht geben würde.

Josefine sank auf die Bettkante nieder. Ihr ganzer Körper bebte. Plötzlich schmiegte sich Nero, der altersschwache Hauskater, an ihre Beine und begann zu schnurren. Das treue Tier spürte, dass sich ein schmerzhafter Abschied anbahnte. Das Ankleiden war für die unwillig Wegziehende die reinste Tortur. Noch ein letzter Gang mit dem Kind auf den Armen durchs Haus. Als sie zögerlich aus der Eingangstür trat, tauchte ihre Mutter zwei Finger in das Weihwasserschälchen und zeichnete ihr behutsam das Kreuzzeichen auf die Stirn: «Möge Gott dich beschützen und behüten, auf all deinen Wegen», stotterte die Mutter und nahm ihrer Tochter den kleinen Josef ab, den sie ganz eng am Körper trug. Von nun an liess sie alles mit sich geschehen. Das Kind gab kein Geräusch von sich. Mehr tot als lebendig reichte die Mutter den kleinen Patienten an Tante Margrit weiter, die aus Erstfeld erschienen war. Das kostbare Bündel wechselte die Obhut. Nachbarn bildeten ein stummes Spalier und schlossen das wimmernde Mädchen noch einmal in ihre Arme. Vater Giuseppe trug den an den Seiten verstärkten Reisekorb, den er vor wenigen Tagen auf dem Monatsmarkt erstanden hatte, bis zur Strassenbahn, die Mutter kümmerte sich um den Korb mit den Esswaren. Noch ein Blick zurück, das Kapuzinerkloster, das Türmli, das Rathaus, der «Goldene Löwen», dann bestieg die stumme Prozession die Strassenbahn nach Flüelen.

Die Strecke von Altdorf nach Flüelen war Josefine schon so oft gefahren, doch an diesem unheilvollen Aprilmorgen erschien ihr vieles ganz anders. Beim Fremdenspital standen in Regenmäntel gehüllte Gestalten auf dem Vorplatz. Nach der ersten Rechtskurve erkannte sie im dünnen Morgenlicht den Turm der Altdorfer Pfarrkirche. Auf dem freien Feld nach dem Dorfausgang war ein Bauer mit Ross und Wagen unterwegs. Weit entfernt konnte sie den von Nebelschlieren umrankten Gipfel des Gitschen erblicken. Am Hang dieses mächtigen Felsens stand im *Gezig* eine Wiege bereit. Schwiegermutter Karolina hatte darauf bestanden, für den Knaben zu sorgen, sobald sein Fieber abgeklungen war. Bei den Arnolds war er sicher gut aufgehoben, doch der Gedanke an das elternlose Kind trieb Josefine erneut die Tränen in die Augen. Ihre Mutter wischte ihr vorsichtig die feuchten Haare aus der Stirn. Josef, der seine letzte Nacht auf dem heimischen Hof verbracht hatte, versuchte seit Wochen, sie mit dem Beispiel seines älteren Bruders zu besänftigen. Ambros war 1906 mit seiner Frau nach New Glarus ausgewandert. Sie hatten ihr Neugeborenes ebenfalls zurückgelassen. Drei Jahre später wurde die Kleine von Josefs Schwester Anna nach Wisconsin mitgenommen. Jetzt waren alle glücklich vereint.

Das Bahnhofsgebäude von Flüelen verfügte über ein Vordach. Das war an diesem grauen Tag ein Segen. Schatten wölbten sich drohend am Himmel. Das Wasser prasselte auf das Blechdach, es klang wie das wilde Rauschen eines Bergbachs. Josefine brachte kein Wort über ihre Lippen. Am Tag zuvor hatte sie sich vorgenommen, tapfer zu sein, doch der Abschiedsschmerz überforderte sie. Sie starrte auf den glitzernden Boden. Josef stand neben dem gestapelten Gepäck und wusste nicht, was er sagen und wo er hinschauen sollte. Er war mit Zacharias, der extra seinen Sonntagsstaat angezogen hatte, früh am Morgen herabgestiegen und über die Felder zum Bahnhof marschiert. Nun boten sie alle zusammen ein trostloses Bild.

Die Bahnhofsglocke rasselte aufdringlich. Wenige Meter weiter war eine muntere Kinderschar kaum zu bändigen, da ein Ausflug bevorstand. Bis vor ein paar Tagen hatte sich Josefine sogar ein wenig auf die Reise gefreut. Es war eine Herausforderung. Aber je näher sie kam, desto mehr raubte sie ihr sämtliche Lebensenergie. Sie spürte, wie es immer noch in ihr zitterte. Heute Morgen, in der Frühe, hätte sie alles, ja wirklich alles in der Welt dafür gegeben, wenn sie zu Hause bei ihrer Familie hätte bleiben können. Ganz anspruchslos würde sie zusammen mit ihrem kleinen Josef leben. Hier, in ihrer einzigen wahren Heimat, für immer und ewig. Hier, wo sie genau wusste, dass der von See und Gebirge begrenzte Talkessel ihre Hoffnungen und Sorgen wie eine riesige Wiege im Gleichgewicht hielt.

Die vermaledeite Glocke schrillte zum zweiten Mal. Der Schnellzug Bellinzona–Zug war pünktlich. Die Lokomotive stampfte vorbei und kam mit einem Fortissimo zum Stehen. Die dritte Klasse befand sich am Ende des Zuges. Josefine versuchte, auf die Zähne zu beissen. Leer und fassungslos schweifte ihr Blick über den Bahnsteig. Ihre Mutter trat heran und umarmte sie. Ohne sich anzusehen, gaben sich Josef und Zacharias die Hand, eine kurze, rasche Pumpbewegung. Nachdem Zacharias ihren Koffer in den Wagon gehievt hatte, reichte Josefine ihm die Hand und beschwor ihn: «Bitte, bitte, bring Josef sicher auf die Alp und erzähle ihm jeden Tag von seinen Eltern.» Giuseppe stotterte: «Mia cara, ti auguro tutto il meglio e spero di rivederti presto!» Er half ihr beim Einsteigen. Sie kletterte zaghaft in den Wagen, vollzog jedoch eine abrupte Kehrtwendung und wollte auf das Perron zurückspringen. Ihre Mutter war jedoch schon zum Fenster geeilt, wo Josef den Koffer deponiert hatte. «Sagt dem Seppäli jeden Morgen nach dem Aufwachen, dass wir ihn bald wiedersehen werden!», flehte sie und eilte zu ihrem Gatten.

Im Zugabteil befanden sich nur wenige Passagiere. Josef verstaute umständlich das Gepäck. Josefine öffnete das Fenster und streckte ihre Arme der Mutter entgegen. Der Stationsvorsteher trat aus seinem Kabäuschen, eine Pfeife zwischen den Zähnen, in der Hand eine rote Fahne, die wie ein Regenschirm zusammengerollt war. Das Pfeifsignal ertönte. Die rote Fahne wurde entrollt. Der Mann mit der blauen Uniform hob den Arm, hielt plötzlich inne, spähte der Wagenreihe entlang, liess seinen Arm wieder sinken und pfiff mehrmals hintereinander kurz und energisch. Der Zug blieb stehen. Die wenigen Leute auf dem Perron schauten nach vorn. Im Zug wurden Fenster geöffnet, Fahrgäste lehnten sich hinaus, sahen aber nichts ausser Leuten, die ihre Köpfe ebenfalls zum Fenster hinausstreckten. Josefine dachte: «Wenn ich mich beeile, dann kann ich immer noch aussteigen.» Doch jetzt setzte sich der Zug ruckartig in Bewegung. Die Kuppelstangen der Lokomotive begannen wuchtig vorzustossen. Bald schon verlor Josefine, die sich weit aus dem Fenster lehnte, die Zurückbleibenden aus den Augen. Sie winkte immer noch, als sie längst aus ihrem

Blickfeld verschwunden waren. Als Letztes erkannte sie zur Linken die Fassade des Grand Hotels Adler – dann raubte ihr ein Tunnel die Sicht auf ihr bisheriges Leben.

Der nächste Halt war Brunnen. Hier erhob sich Josefine wie in Trance und zog ihren Korb von der Gepäckablage. Sie wollte tatsächlich den Zug verlassen. Josef hatte grosse Mühe, sie zu besänftigen, und er war froh, als die Reise weiterging. Mit der Gotthardbahn fuhr man über Arth-Goldau bis nach Zug, dann mit der Nordostbahn bis Luzern. Die beiden Auswanderer wechselten kein Wort. Nach Olten rumpelte der Zug über eine Brücke und verschwand in einem Tunnel. Josefine befürchtete, die übelriechende Dunkelheit würde kein Ende nehmen. Dann endlich Tageslicht: Tecknau, Gelterkinden, Sissach, alles Ortschaften, von denen sie noch nie etwas gehört hatte. Wenigstens sprach man hier noch Deutsch. Sie fuhren durch eine Landschaft, in der es zwar auch so etwas wie Berge gab, doch alles war viel flacher als zu Hause. Der Schnellzug, dessen Abteile sich zusehends mit Menschen gefüllt hatten, drosselte seine Geschwindigkeit und die Häuserreihen entlang der Bahnlinie wurden dichter. «Jetzt sind wir bald in Basel», bemerkte Josef zu seiner Frau, die in sich versunken zum Fenster hinausstarrte.

In der vergangenen Stunde hatte Josef nur mit seiner Cousine Aloisia geschwatzt, die in Olten zugestiegen war. Das Mädchen mit dem langen Gesicht hatte ebenfalls nur wenig Gepäck dabei. Die beiden steckten ihre Köpfe zusammen und frischten Familiengeschichten auf. Das Gespräch wurde immer intensiver, dabei übertrumpften sie sich gegenseitig mit Erwartungen, was ihnen Amerika alles bieten würde. Josefine mischte sich nicht ein. Aloisia war ihr nicht unsympathisch, doch die grossen Augen der Serviertochter wirkten auf sie farblos und ihre Worte wie der belanglose Refrain eines Kinderliedes. Ihre Reisegefährten waren unheilbar vom Amerikafieber befallen, was Josefine nicht nachvollziehen konnte. Eigentlich war sie froh, dass Aloisia mit dabei war; eine Dritte im Bunde, das versprach zusätzliche Sicherheit. Anderseits stand Aloisia ungewollt zwischen ihr und ihrem Gatten. In Amerika, das war sicher, würden sie so schnell wie möglich getrennte Wege einschlagen.

Der Bahnhof von Basel bot den Reisenden einen Vorgeschmack auf die grosse Welt. Orientierungslos machte sich die kleine Gruppe, nachdem sie die rauchgeschwängerte Bahnhofshalle verlassen hatte, auf die Suche nach dem Hauptbüro der Transport- und Auswanderungsagentur «Im Obersteg & Co.», wo die Tickets für die Reise nach Amerika bereitlagen. «Aeschengraben Nr. 28» hatte Josef ungelenk notiert. Er versuchte, sich bei Passanten zu erkundigen. Doch alle hatten es eilig. Endlich stiessen sie vor dem imposanten Bahnhofsgebäude auf einen älteren Herrn, der ihnen freundlich, jedoch in einem sonderbaren Dialekt, den Weg erklärte. Die drei Ortsfremden waren froh, dass sich der Aeschengraben nur einige Hundert Meter vom Bahnhof entfernt befand und sie das Büro zu Fuss erreichen konnten. Josef wirkte mit dem prall gefüllten Korb und den beiden Koffern wie ein Lastesel. Die Frauen trugen die kleineren Körbe, gefüllt mit dem Allerwichtigsten für die Überfahrt sowie Brot, Käse und Most als Proviant für drei Tage.

Im Aeschengraben 28 prangte ein Messingschild an der Eingangstür, das frisch poliert aussah. In den hellen Büroräumen roch es nach Geschäftigkeit, Fernweh und Abschiedsschmerz. Eine Familie mit schwerem Gepäck stand vor dem Schalter. Im Vorraum unterhielten sich zwei Polizisten mit einem der Angestellten. Von einem Plakat an der Wand grüssten zwei schwungvolle Schiffsrümpfe. Schon bald waren die Urner an der Reihe. Die Übergabe war rasch geregelt.

Sie mussten bloss ihre im Voraus bezahlten Pauschaltickets, die sie von Josefs Brüdern aus Wisconsin per Post erhalten hatten, gegen eine gemeinsame Fahrkarte mit der Nummer 349 237 eintauschen. Auf Aloisias Dokumenten war die Nummer 349 236 aufgedruckt. Sie konnten ihren Koffer und einen Korb abgeben und erhielten die Reiseunterlagen in einer Stoffhülle mit der Aufschrift «White Star Line. Triple-Schrauben-Schnelldampfer Olympic & Titanic». «Das klingt wie Musik», jubilierte Josef, als sie das Gebäude wieder verlassen hatten. «Wäit Schtar Läin» wiederholte er den fremdartigen Begriff mehrmals; es klang, als müsse er sich das Losungswort einprägen, das ihm das Tor zur neuen Welt aufstossen würde.

Mit deutlich weniger Gepäck kehrten sie nach einer Stunde in den betriebsamen Eisenbahnpalast zurück, dem eine Parkanlage mit Springbrunnen vorgelagert war. Josefine hatte noch nie ein so imposantes Gebäude gesehen. An den Wänden konnte sie Fresken mit Panoramabildern erkennen. Die verblüffte Frau blieb stehen und bestaunte die farbenfrohen Riesengemälde. Ihr Blick blieb an einer Darstellung hängen, die am unteren Rand den Schriftzug «Lake of Lucerne» trug. Ja, das war «ihr» See, der Vierwaldstättersee, mit «ihren» Bergen im Hintergrund. Schmerzhaft überfielen sie die Erinnerungen an den erzwungenen Abschied. Wie von einer unsichtbaren Hand weggerissen stolperte sie weiter, um den Anschluss an die Vorauseilenden nicht zu verlieren.

Der Zug in Richtung Strassburg stand im französischen Bahnhof. Die drei mussten zum ersten Mal in ihrem Leben Ausweispapiere vorweisen. Sie waren aufgeregt, doch der Zollbeamte verzog keine Miene. Schon bald stampfte der «Brüssel-Ostende-Express» nordwärts. Neugierig blickten die reiseunerfahrenen Schweizer aus dem Fenster. In Strassburg konnte Josefine kurz vor der Einfahrt in den Bahnhof das Geripp eines eindrücklichen Kirchturms erkennen, der aus einem kastenförmigen Gebäude forsch in den Himmel ragte. In der belebten Bahnhofshalle lagen die Rauchschwaden wie herbstliche Nebelbänke. Nach einem längeren Aufenthalt setzte sich der Schnellzug wieder in Bewegung. Das Wetter wurde immer besser. Mit einem knappen «Boschur» erschien der Kondukteur im Abteil, «Bilett» verstand Josefine und «Merci», doch für mehr reichte es nicht. Der Zug fuhr ohne Halt durch einen Bahnhof mit vielen Geleisen. Es schossen Ortsnamen vorbei, die sie nicht zu Ende lesen vermochte: Frou..., Liver..., Fonte..., Toul..., und so wurde Josefine mit atemberaubendem Tempo von Station zu Station aus ihrem bisherigen Leben herausgetragen. Obwohl sie nichts gearbeitet hatte, fühlte sie sich müde. Sie nickte ein.

In rötlichem Abendlicht öffnete sie ihre Augen wieder. Ihr Ehemann und seine Cousine schliefen beide mit offenem Mund und nach hinten gekipptem Kopf. In den Mundwinkeln klebten Speichelfäden. «Unser Gepäck», fuhr es ihr durch den Kopf. Sie schoss auf. Hastig kontrollierte sie, ob noch alles da war. Ihre Befürchtungen waren zum Glück unbegründet gewesen. Sie grub die Hand in ihren randvollen Korb, um das Buch des «Waldmenschen» hervorzukramen. Sie war bei ihrer nur langsam voranschreitenden Lektüre an einer Stelle stecken geblieben, die nur zu gut zu ihrer Situation passte: «Einige Gelehrte argumentieren, das Wort ‹pilgern› bedeute ursprünglich ‹fremd sein›, ‹nicht daheim sein› – was ins Positive gewendet hiesse, dass ein solcher Mensch, der kein Zuhause hat, überall zu Hause ist.» Diese Aussage verwirrte sie: «überall zu Hause», was sollte das bedeuten? Das schien ihr unmöglich zu sein. Mit Wehmut erinnerte sie sich an die jährliche Bittprozession ins Benediktinerinnenkloster Sankt Lazarus in Seedorf oder die Wallfahrt in die abgelegene Klause von Bruder Klaus im Ranft. Da war sie als

Pilgerin unterwegs gewesen, aber am Abend immer wieder nach Hause zurückgekehrt. Sie dachte an die Reise in den Ranft, wo sie in einer bescheidenen Kapelle vor dem Abbild des hageren Einsiedlers gebetet hatte. «Niklaus von Flüe ist in seiner Zeit viel herumgekommen», hatte der Pilgerpfarrer der Gruppe aus Altdorf erzählt. Doch dann habe er sich zu einem Leben in Abgeschiedenheit entschlossen. Ein zurückgezogenes Leben in vertrauter Umgebung, mit Kirche, Zelle und Garten im Umkreis von wenigen Metern. «Eine Flucht in den Wald», dachte Josefine, «ganz ähnlich wie beim komischen Amerikaner.»

Josefine schaute sich im Zugabteil um. Diese schier endlose Pilgerreise – wenn es überhaupt eine war –, diese Suche nach einem fernen Glück auf einem anderen Kontinent, die führte ins Ungewisse, das war ihr klar. Eine Rückkehr war vorerst ausgeschlossen. «Wer immer still zu Hause hockt, kann dennoch der grösste Vagabund sein; der Pilger dagegen, den ich meine, vagabundiert ebenso wenig wie ein mäandernder Fluss, der doch fortwährend emsig bestrebt ist, den kürzesten Weg zum Meer zu nehmen.» Josefine kannte zwar die Bedeutung des Wortes «mäandernd» nicht, doch sie stellte sich einen Fluss vor, der aus seiner Quelle durch die verschiedenen Länder bis ins Meer gelangt. Unweigerlich kam ihr die Reuss in den Sinn, die in den Urner Alpen ihren Ursprung hatte und ihren Weg durch die Aare und den Rhein bis in die Nordsee fand. Vielleicht wurden sogar, auch wenn das kaum vorstellbar war, einige Tropfen quellfrisches Reusswasser durch den Ärmelkanal und quer über den Atlantik bis an die Ostküste Amerikas gespült. Diese abstruse Idee zauberte ein feines Lächeln auf ihre trockenen Lippen.

Die Zugreise war für Josefine ein unruhiges Hin und Her, eine unangenehme Abfolge von Schlafen und Wachen. Sie hatte schwere Beine vom Sitzen. Die Landschaft vor dem Fenster veränderte sich kaum. In Ostende, spät am Abend, wurde ihnen ein karges Hotelzimmer zugewiesen. Zu essen gab es nichts. Lediglich einen Krug voll abgestandenes Wasser hatte man ihnen hingestellt. Josefine vermeinte, als sie im Bett lag und die Augen schloss, das Rauschen des Meeres zu vernehmen.

Am nächsten Morgen standen sie, nachdem ihr Reisegepäck eingehend durchsucht worden war, auf dem Deck der Fähre. Josefine spähte zum nur ansatzweise vorhandenen Horizont und konnte dort nichts Konkretes erkennen. Das war also das Meer. Sie konnte es riechen. Es roch ganz anders als der Urnersee. Obwohl sie wusste, dass man auf der anderen Seite schon bald wieder auf Land stossen würde, erfasste sie ein ungutes Gefühl. Dieses Meer hatte keine Konturen; keine Ufer, die Sicherheit boten und keine Berge, die es beschützten. Sie verschlang ein mit Fleisch und Eiern belegtes «Sandwich» – so hiessen die «Eingeklemmten» hier – und verkroch sich ins Schiffsinnere. Die Fähre tuckerte aus dem Hafen. Dieses schwankende Gefährt sollte sie über den Ärmelkanal nach Dover bringen. Die schlingernden Bewegungen bekamen Josefine nicht gut. Kaum waren die Hafenmauern ausser Sichtweite, rannte sie an Deck, klammerte sich an die Reling und musste sich übergeben. Das war ihr noch nie passiert. Aloisia kümmerte sich um sie, da Josef hilflos auf dem Hauptdeck zurückgeblieben war. Zum Glück herrschte kein allzu starker Seegang. Josefine wollte gar nicht daran denken, was sie auf dem Atlantischen Ozean erwarten würde.

Als sie wieder festen Boden unter ihren Füssen hatte, ging es ihr schlagartig besser. In der Hafenanlage von Dover hatte sich eine ansehnliche Menschentraube gebildet. Die Angekommenen wurden zu einem wartenden Zug gewiesen.

Josef beförderte das Gepäck in ein Abteil, in dem bereits zwei Herren Platz genommen hatten. Die Fahrgäste wirkten gelassen und freundlich, aber auf eine sonderbare Art distanziert. Josefine versuchte auf den riesigen Zeitungsseiten, die in ihrer Nähe in die Höhe gehalten wurden, bekannte Wörter zu entziffern. Ihr gegenüber sass ein Mann mit Hut, der keine Anstalten machte, hinter seiner Blätterwand hervorzublicken. Und doch war der jungen Frau aufgefallen, dass er mehrfach kurz ihr bescheidenes Reisegepäck taxiert hatte, das auf der schmalen Gepäckablage lag. Was dachte er wohl von den einfach gekleideten Fremden, die sich kaum trauten, ihren Mund zu öffnen, geschweige denn, sich in ihrer so ganz anders klingenden Sprache zu unterhalten?

London: Wie oft war Josefine diesem magischen Wort schon in Büchern und Zeitschriften begegnet. Das riesige Glasdach der Bahnhofshalle der Waterloo Station zitterte unmerklich vom Lärm der Menschen und Lokomotiven. Ein Himmel voller Glasquadrate, in Metall gerahmt. Hoch oben, von Stahlträger zu Stahlträger, trippelten als graue Punkte die Tauben, unbeeindruckt vom Treiben unten auf den Perrons. Die kleine Reisegruppe blieb stehen. Wenn Josefine die Augen schloss, war es, als befinde sie sich in einer Glocke aus dröhnenden Geräuschen. Sie schlug sie wieder auf und versuchte, all dieses Neuartige zu begreifen. Noch nie hatte sie die Eisenbahn so intensiv wahrgenommen: Kohle, Rauch, Öl und Teer. Sie vernahm die Ausrufe der Zeitungsjungen in einer klangvollen Sprache, die sie zwar sofort als Englisch erkannte, aber beim besten Willen nicht verstehen konnte.

Für einen flüchtigen Moment hatte sie vergessen, dass sie mit ihrem Ehemann und seiner Cousine unterwegs war. Die drei blieben ratlos auf dem dicht bevölkerten Bahnsteig stehen. *Chömmit mit!*, erklang eine bekannte Stimme, die

Schweizerdeutsch sprach. Das war Herr Wirz, der im gleichen Zug gereist war. Sie hatten seine Bekanntschaft in Ostende gemacht, als er auf demselben Korridor im Zimmer neben ihnen logierte. Er kam aus dem Zürcher Oberland. Der freundliche Mann, zwei Jahre älter als Josef, reiste in Begleitung der Gebrüder Kink, die in der Stadt Zürich wohnten, jedoch ursprünglich aus der Steiermark stammten. Der ältere der Brüder, Anton, wurde von seiner Frau Luise begleitet. Er sah mit seinem gestutzten Schnauzbart wie ein Zirkusdirektor aus. Ergänzt wurde die Gruppe durch Maria Kink, die Schwester der beiden, und Luises vierjährige Tochter Luise Gretchen. Ihr gemeinsames Reiseziel war Milwaukee in Wisconsin. Albert Wirz blieb dicht neben Josef stehen und lächelte Josefine zu. Dem Urner Landarbeiter schien beim Anblick der Gruppe aus der Schweiz ein ganzer Maltersack von den Schultern zu fallen. Am liebsten hätte er alle umarmt. Freudig hob er die beiden Körbe an und schleppte sie über den Bahnsteig, stets bemüht, Wirz und die anderen nicht aus den Augen zu verlieren. Mit seiner fleckigen Mütze, die er tief in sein Gesicht gezogen hatte, wirkte er wie einer der zahlreichen Gepäckträger, die ihre Dienste lautstark feilboten.

London war lauter, als sie gedacht hatte. Josefine fühlte sich von den ungewohnten Bildern und Geräuschen überfordert. Doch es blieb ihr keine Zeit zum Grübeln. Irgendwo in dieser fremden Stadt wartete ein Nachtlager auf sie und ihre Reisegenossen. Cornwall Road hiess die Strasse, zu der die Gruppe nach einem Fussmarsch gelangte. Überall standen Frauen in auffälligen Röcken herum. In der stark befahrenen Strasse, die einem hohen Zaun entlangführte, stach ihnen das «Crown & Daggar» sofort ins Auge. Das Gasthaus mit der roten Fassade und dem goldenen Schriftzug unter einer überdimensionierten Krone schien eine beliebte Adresse zu sein. Männer drängten durch die massive Eingangstüre.

Die Reisenden aus der Schweiz traten in Einerkolonne vorsichtig ein. Anton Kink ging auf die Suche nach dem Wirt. Die anderen mussten im lärmigen Treppenhaus warten, bis sie ihre Schlüssel erhielten. Die Zimmer waren klein. Die Bettdecken wirkten hastig zurechtgezupft und waren keinesfalls frisch gewaschen. Josefine setzte sich einen Moment auf die krächzende Bettstatt und atmete tief durch. Aloisia gesellte sich zu ihr. Josef wurde von den anderen Männern abgeholt, damit man gemeinsam das Lokal im Erdgeschoss erkunden konnte.

9

«Vor drei Tagen noch im vertrauten Altdorf, jetzt in London», wirbelte es Josefine durch den Kopf. Ihre Gedanken konnten mit den zurückgelegten Kilometern nicht mithalten. Draussen erklang ein dumpfes Horn. «Ein englisches Restaurant! Das wollen wir uns ansehen», verkündete Aloisia, nachdem sie von der Gemeinschaftstoilette zurückgekehrt war. Josefine zögerte. «Ich habe in meinem Leben schon in so vielen Trinkhallen gearbeitet, es würde mich doch wundern, wenn es hier ganz anders zu und her gehen würde», ergänzte die forsche Serviertochter. Dieses Argument vermochte die Jüngere zu überzeugen. Die beiden Urnerinnen verliessen die feuchtkalte Kammer und stiegen in die Gaststube hinunter. Vorsichtig traten sie in den Eingangsbereich des «Crown & Dagger» ein, wo ihnen lautes Stimmengewirr entgegenschlug. Es kam selten vor, dass ehrbare Damen um diese Uhrzeit die dämmrige Schankstube betraten. Der Wirt riss sein zahnloses Maul und die Augen auf. Die Männer, die fast alle mit grossen Gläsern in der Hand herumstanden, gafften sie an wie seltene Tiere im Zoo. Mit kleinen Schritten durchquerten die Frauen den Raum und stiessen nach ein paar Metern auf Josef, der verzweifelt versuchte, den Worten und Gesten seines breitschultrigen Gegenübers zu folgen. Als er Josefine und Aloisia erkannte, entspannte sich seine Miene. Auch Josefs Gesprächspartner bemerkte ihr Auftauchen und grinste sie, ganz und gar nicht unfreundlich, an. «Hello, young ladies!», dröhnte es aus seinem schrägen Mund, in dem die Zähne wie eine unvollständige Reihe Kieselsteine aufgereiht waren. Der Unbekannte hatte in etwa Josefs Körpergrösse, war jedoch stämmiger und wirkte doppelt so alt wie der

Bergbauer aus den Alpen, obwohl er vermutlich nur wenig älter war.

«What a lovely girl!», erschallte es in rollendem Englisch. «Hello, Sir», antwortete Josefine stockend. Der Englischsprachige hatte listige Augen; er streckte ihr unvermittelt seine Hand entgegen, die die Grösse einer Schaufel hatte. «I'm the honourable and most respected John Michael Patrick Coffey, master of all oceans, but you can call me John, young ladies.» Den Namen «John» sprach er dabei wie das deutsche Wort «schon» aus. «I am Josephine», erwiderte das Mädchen, «and this is Joseph, my husband, and this is Aloisia.» Dieser erste vollständige Satz in einer fremden Sprache schenkte ihr Selbstvertrauen. «I just heard that you're on the same bloody ship», schnarrte der redselige Biertrinker. Jetzt wurde es schwierig für Josefine, die englischen Begriffe einzuordnen. Doch sie hatte «ship» verstanden, und «same» bedeutete «das Gleiche», ein Wort, das sie in ihr lückenhaftes Wörterbuch notiert hatte. «Yes, yes», bestätigte sie eifrig.

Josefine schaute sich vorsichtig um. In dieser verrauchten Höhle tummelte sich eine stattliche Anzahl Männer. An einem kleinen Tischchen, auf dem ein halb volles Bierglas funkelte, fiedelte ein grauhaariger Alter beschwingte Melodien. Die Ankunft der Frauen wurde weiterhin mit lebhaftem Interesse wahrgenommen. John schien man zu kennen. Josef fühlte sich schutzlos einem Heer redseliger Fremder ausgeliefert. Selbst in Altdorf war er selten in Restaurants anzutreffen gewesen. John brüllte unverständliche Laute über den Tresen und beorderte Josefine auf einen abgewetzten Sessel in der Ecke des Lokals. Es war unglaublich, dass in einem Mann so viel Lärm steckte. Am Tisch davor sassen mehrere angeregt diskutierende Gestalten. Josef blieb unbeholfen stehen. Da tauchte bereits John mit einem grossen und einem kleinen Glas in der Hand auf. Den grossen Becher streckte er wortlos Josef hin, der ihn zögernd entgegennahm, den kleineren reichte er Josefine. Dann schob er sich zurück an die Theke. Kurze Zeit später kehrte er mit einem weiteren Glas zurück, das bis an den Rand mit einer trüben Flüssigkeit gefüllt war. So ein eigenartiges Getränk hatte Josefine noch nie gesehen. Dieses Gebräu erinnerte sie an dünnen Kaffee, *Schächädaller Kafe,* den man in ihrer Heimat mit dem Pulver direkt in der Pfanne aufzukochen pflegte.

Der Geräuschpegel im «Crown & Dagger» schwoll an. Josefine hatte noch nie so ein Gasthaus von innen gesehen; da ging es ja lauter zu und her als an der Fasnacht in Altdorf. John erhob feierlich sein Glas: «Cheers, my friends. To you and His majesty the King!» Beim letzten Wort verzog er sein Gesicht zu einer Grimasse, bevor er seine Augen schloss und sich einen ergiebigen Schluck aus seinem Becher genehmigte. Auch Josefine setzte vorsichtig an, doch sie war es sich nicht gewohnt, Bier zu trinken, schon gar nicht diese trübe Brühe. Tessiner Merlot hatte man ihr schon früh zu Hause in kleinen Schlucken zum Probieren gegeben; Bier hingegen war ein Männergetränk und ihr eindeutig zu bitter. Doch die junge Schweizerin wollte nicht unhöflich sein und nickte nach dem ersten zaghaften Nippen dem edlen Spender treuherzig zu. Josef bekundete weniger Mühe mit seinem Getränk. John wies mit seiner linken Hand auf zwei Herren, die am selben Tisch sassen. Josefine erkannte die Gebrüder Kink. Sie erhoben sich und begrüssten die Neuankömmlinge. Der jüngere der beiden sprach fliessend Englisch und so entwickelte sich ein angeregtes Gespräch.

Der wild gestikulierende Rothaarige wirkte auf Josefine wie ein Schauspieler, der mit viel Elan seine eigene Rolle spielte, ein unberechenbares Kind im Körper eines zu schnell gealterten Menschen – *ä rüüchä Bitz.* John Coffey wollte morgen ebenfalls nach Amerika mitfahren, das war Josefine klar geworden. Nicht als Passagier, sondern als Heizer. Vor einer Woche hatte er in Belfast angeheuert. Eigentlich waren bei ihm andere Pläne im Vordergrund gestanden, doch die gute Bezahlung auf einem Linienschiff hatten ihn dazu bewogen, New York als nächste Destination auf seiner nicht enden wollenden Weltreise anzusteuern. Nun war er für eine Nacht nach London zurückgekehrt, um sein restliches Gepäck bei einem Bekannten abzuholen. Er stammte aus einer Hafenstadt im Südosten Irlands, die ursprünglich Cove geheissen hatte. «Seit dem Besuch der hochwohllöblichen Majestät, Königin Victoria höchstpersönlich», er bekreuzigte sich theatralisch, «wird meine kleine, aber feine Heimatstadt jetzt Queenstown genannt», schnarrte John, «quasi ein Adelstitel über Nacht, ohne dass es jemand da unten gewünscht hat.» Er spuckte, für alle gut sichtbar, auf den Boden. Josefine konnte dieses unflätige Verhalten nicht deuten, aber sie wusste, dass das Schiff im Hafen von Queenstown anlegen würde, bevor die eigentliche Überfahrt nach Amerika begann.

Nach zwei weiteren Gläsern hob John seine rechte Hand und setzte eine verschwörerische Miene auf. Seine Stirn fiel in tiefe Runzeln, als er seine Ausführungen zum dramatischen Höhepunkt brachte: «Aber was soll's, unser Schiff ist eh dem Untergang geweiht!» Kink übersetzte den erstaunlichen Satz wortwörtlich. Josefine erschrak und blickte zu ihrem Ehemann hinüber. Josef hatte nicht mitbekommen, um was sich das Gespräch drehte. John referierte unbeeindruckt weiter: «Dieses Wunderwerk der Seefahrt, gebaut von Iren, hat nämlich jede Menge querlaufende, wasserdichte Schotten, so angefertigt, dass der Kapitän oben auf der Brücke bei Gefahr die Durchgänge schliessen kann; so kriegt niemand nasse Füsse.» Jetzt schien der Heizer gewaltig in Fahrt zu kommen: «Über drei Millionen

Nieten halten den Rumpf zusammen», fuhr er fort. «Neunundzwanzig Heizkessel stehen zur Verfügung, um dem Kahn gehörig Dampf zu machen. Über dreihundert Mann sind im Innern des Walfisches darum besorgt, dass das Feuer nicht erlischt und die haushohen Generatoren bis hinüber zu den Yankees ganze Arbeit leisten können.» Josefine staunte über diese Zahlen und Dimensionen, doch der irische Seemann war mit seinen Ausführungen noch nicht zu Ende: «All das wird die ‹Königin der Meere› nicht retten!» Ratlose Blicke waren die Reaktion auf diese unerhörte Behauptung. «Seit das Schiff Belfast verlassen hat, also seit fast einer Woche, glimmt ein Feuer in seinem Herzen. Im Bunker zwischen den Heizräumen fünf und sechs hat sich die Kohle entzündet. Löschen kann man diesen Brand nur, wenn man tonnenweise Kohle wegbefördert, doch das wird man so kurz vor der Jungfernfahrt auf keinen Fall tun.» Es herrschte eine unangenehme Stille am Tisch, bis Vinzenz Kink erregt einwarf: «Sind Sie sich da wirklich sicher? Das ist doch bloss eine Lügengeschichte.» Ein verschmitztes Lächeln huschte über das glühende Gesicht des Erzählers: «Das ist so sicher wie das Amen in der Kirche, werte Herrschaften. Sie können mir glauben, ich weiss, wovon ich spreche. Ich war schon auf dem Schwesterschiff, der ‹Olympic›, und habe miterlebt, wie sie in der Hafenausfahrt von Southampton einen Kreuzer der Marine gerammt hat. Aye Sir, ich kenne mich aus mit Ozeandampfern!»

An der Theke zersplitterten Gläser. «Warum fahren Sie dann selbst mit?», wollte Kink wissen. «Gute Frage, aber eines kann ich Ihnen versichern: Wenn das Feuer bis Cove nicht gelöscht ist, dann verpisse ich mich mit dem Postboot aufs Festland.» John hatte nun kein Interesse mehr, das Gespräch weiterzuführen. Bald schon tauchte er in den hinteren Teil der Gaststube unter. Sein schallendes Gelächter war noch regelmässig zu vernehmen. «Was denken Sie, Herr Kink, ist an dieser Geschichte etwas Wahres dran?», wollte Josefine vom Österreicher aus Zürich wissen. «Für mich klingt das nach Seemannsgarn. Der gute Junge hat vermutlich beim Kohleschippen zu heiss bekommen oder das Bier ist ihm in den Kopf gestiegen.» Kink lachte überlegen, doch Josefine teilte diese Ansicht nicht: «Es wäre doch durchaus möglich, dass es einen noch unbemerkten Brand an Bord gibt.» Kink wischte die Bedenken mit einer Handbewegung weg: «Wir sind auf dem modernsten und sichersten Schiff der Welt, da brauchen wir uns überhaupt keine Sorgen zu machen!»

10

In den frühen Morgenstunden erwachte Josefine aus unruhigem Schlaf. Schweissgebadet setzte sie sich im Bett auf. Sie konnte sich vage an einen Traum mit einem Sarg erinnern, dessen schwerer Deckel sich über ihr geschlossen hatte. Wie gelähmt hatte sie auf den immer schmaler werdenden Spalt gestarrt. Ihr hatte die Kraft gefehlt, sich selbst aus der misslichen Lage zu befreien. Dann war sie zum Glück aufgewacht. Nun zwang sie sich, aus dem knarrenden Bett zu schlüpfen, um zum Fenster zu gelangen. Der Mond zwinkerte zwischen vom Wind aufgescheuchten Wolken. Dieser Mond war zum Glück derselbe wie zu Hause, das vermochte sie ein wenig zu beruhigen. Doch der aufgekratzte Himmel kam ihr fremd vor. Sie fror und kroch nach wenigen Minuten zurück unter die feuchte Decke. Im ganzen Haus roch es nach Rauch und Bier, selbst die Bettwäsche sonderte einen säuerlichen Geruch ab.

Josefine war sich nicht sicher, ob sie noch einmal eingeschlafen war. Von ersten Lichtfetzen gestreift erhob sie sich aus einem Bett, in dem sie zum Glück nie mehr würde liegen müssen. Rasch war gepackt. Schweigend verliessen die Schweizer die vor wenigen Stunden verstummte Herberge. Der Morgen war dumpf, bot jedoch für die frühe Uhrzeit ein erstaunlich aufgeregtes Treiben. Die Backsteingebäude wirkten im fahlen Licht leicht und durchsichtig. Es war Mittwoch, der 10. April 1912.

Die böse Geschichte des redseligen Heizers beschäftigte Josefine noch immer. Wenn es wirklich stimmte, was der erfahrene Seemann ihnen gestern in der Schankstube anvertraut hatte, dann stellte die Überfahrt eine Gefahr dar. Sie versuchte sich vorzustellen, wie tief unten im Schiffsbauch, in den staubigen Kohlebunkern, ein unerreichbares Feuer schwelte. Doch das gelang ihr nicht. «Wer Böses denkt, dem passiert Böses», hatte ihr Vater immer wieder behauptet. Sie schob ihre Bedenken beiseite. Ein ganz neu gebautes Schiff war bestimmt eine sichere Sache. Sonst würden ja nicht so viele Menschen auf die Reise mitkommen.

Die Waterloo Station war hellwach. Nachdem Anton Kink einen Uniformierten angesprochen hatte, fanden sie die bordeauxroten Wagen, die sie an die Südküste Englands bringen sollten. Auf dem Bahnsteig, an dem der Sonderzug für die Passagiere der zweiten und dritten Klasse der South Western Railway bereitstand, türmten sich die Gepäckstücke. Beladene Karren wurden umhergeschoben. Aufgeregte Stimmen bildeten einen internationalen Chor. Die Gruppe aus der Schweiz verstaute ihre Habseligkeiten in zwei Abteilen in der Mitte des Zuges. Die Männer blieben noch eine Weile auf dem Bahnsteig stehen. Die Frauen richteten sich auf den Holzbänken ein. Die kleine Luise schlummerte in den Armen ihrer Mutter. Der Zeiger der Bahnhofsuhr kroch vorwärts, dann schmetterte ein lang gezogener Pfiff durch die Halle und mit einem heftigen Ruck setzte sich der bis auf den letzten Platz besetzte Extrazug in Bewegung.

Der White Star Express gewann an Geschwindigkeit und liess das unüberschaubare Häusermeer der südlichen Vororte von London hinter sich. Das Geflecht aus Gebäuden, Mauern und Brücken wurde immer durchlässiger, bis sie auf das offene Land hinausgelangten. Josefine sass ihrem Ehemann gegenüber. Mit grossen Augen blickte sie in die sanfte englische Landschaft hinaus. Sie bestaunte die grünbraunen Hügel und die dichten, rechtwinklig gestutzten Hecken, schweifte jedoch in Gedanken immer wieder ab. Die Eisenbahn rollte durch die Grafschaft Hampshire. Die Räder hasteten, ratterten und vibrierten wie die Vorboten eines Föhnsturms. «Winchester» las Josefine auf einem der vorbeifliegenden Bahnhofsschilder. Erst als der Zug den Stadtrand von Southampton erreicht hatte, wurde die rasante Fahrt merklich abgebremst. Hohe Backsteingebäude ragten in den Himmel. Überall flogen Möwen auf. In den Häuserschluchten machten sich Kanäle und Pflastersteinwege den Platz streitig. Der Zug überquerte eine Strasse und rollte ins Hafengelände, wo grosse schwarze Ziffern auf weissen Tafeln zu erkennen waren. Vorbei an turmhohen Kränen und Kohlelagern ging es im Schritttempo vorwärts. Dann kam die Lokomotive mit einem ohrenbetäubenden Zischen zum Stillstand.

Der Hafen von Southampton wirkte wie ein geschäftiger Jahrmarkt. Vom Auswandererhäufchen aus den Bergen nahm an der Kanalküste niemand Notiz. Die Sonne stiess mit Vehemenz durch den Wolkenvorhang. Auf einmal wich bei Josefine die erneut aufgeflackerte Ungewissheit und machte einer vibrierenden Erwartung Platz. Ihr Gesicht hellte sich auf. In dieser aufregend neuen Umgebung mit diesen ungewohnten Geräuschen und Gerüchen, mit all den unbekannten Dingen wurde sie von Vorfreude erfasst. Die Landungsbrücke war überstellt mit Aufbauten, Fahrzeugen und Kisten. In den weitläufigen Docks waren unzählige Schiffe vertäut, kleine Boote pflügten dampfend durch das graue Wasser. Die knatternden Maschinen und der Chor der kreischenden Vögel lösten bei Josefine ein kindliches Staunen aus. So etwas hatte sie noch nie gesehen. Sie blickte sprachlos umher. Dann entdeckte sie etwas Aussergewöhnliches: «Da», raunte Josefine ihrem Ehemann ins Ohr, «schau, da ist es!» Ganz weit hinten überragte ein imposanter schwarzer Torso den Wald von Kränen, Masten und Stangen.

Josef konnte es kaum erwarten, das mehrstöckige Terminalgebäude der White Star Line auf Pier 10 zu erreichen. Im Ungestüm hätte er beinahe seinen Rucksack fallen gelassen. Eine beträchtliche Menschenansammlung quoll auf den Quai. Links und rechts waren erstaunte Ohs und Ahs zu vernehmen. Einem Südländer entglitt ein Schwall von Flüchen. Zur Rechten befand sich das lang gezogene Abfertigungsgebäude, das von einer Galerie gekrönt war, von der aus Schaulustige das unterhaltsame Treiben mitverfolgen konnten. Die Gepäckträger waren damit beschäftigt, Kisten, Koffern und Schachteln der Passagiere der ersten Klasse zu verladen. Sogar ein Automobil stand zur Einschiffung bereit, und eine Unmenge an Reiseutensilien, als würde in einer Stunde eine ganze Armee von Adligen und Reichen das Schiff in Besitz nehmen. Das war für Josefine ein ungewohnter Anblick, obwohl sie im Grand Hotel Adler regelmässig die Ankunft gut betuchter Gäste miterlebt hatte.

Der von Rauchschwaden bekränzte Schiffsriese, feierlich beflaggt mit unzähligen Fähnchen, stahl allen die Schau. Josefine hatte sich ein schwerfälliges Ungetüm vorgestellt. Nun war sie überrascht, als sie sah, dass dieser majestätische Dampfer eine Linienführung von erstaunlicher Harmonie aufwies. Er erinnerte sie an die viel kleinere «Schiller», die auf dem Vierwaldstättersee elegant ihre Runden absolvierte. Der vollständig in Weiss gehaltene Aufbau überragte sämtliche Kräne und Gebäude der Hafenanlage. Die vier gelben Schornsteine schienen mit dem geflockten Himmel zu verschmelzen. Aus drei dieser gewaltigen Metallröhren tänzelte matter Dampf in den verschmierten Frühlingshimmel. Schwere Taue hielten die «Königin der Meere» an ihrem Liegeplatz zurück.

Josef, immer ein paar Schritte voraus, mit Josefine und Aloisia im Schlepptau, manövrierte sich verwegen durch die wartende Menschenmenge. Die Passagiere der ersten Klasse waren noch nicht eingetroffen, da sie keine medizinische Musterung über sich ergehen lassen mussten. Vor einem Holzgatter mit der Aufschrift «3rd Class Passengers» bildete sich ein Rückstau. Die Wartenden blickten erwartungsvoll nach oben, wo der mehrstöckige Aufbau des Schiffes sie einschüchterte wie eine unbezwingbare Burg deren Belagerer. Es herrschte ein babylonisches Sprachengewirr. Josefine konnte italienische Wörter aufschnappen, dann wieder Englisch, aber auch die kehligen Laute einer Sprache, die sie ans Schweizerdeutsche erinnerte, von der sie jedoch kein Wort verstand. Wenige Meter vor dem Aufgang waren mehrere Klapptische aufgestellt und Männer in Uniformen nahmen die aufgekratzte Auswandererschar in Empfang.

«Das werden wir in New York noch einmal über uns ergehen lassen müssen», hörte Josefine eine durchdringende Stimme verlauten. Sie gehörte zu einem stämmigen Mann, der zwei Reihen vor ihr stand. Ein Deutscher, dachte sie, endlich jemand, den man halbwegs verstehen konnte. Der Schnauzbärtige war sich bewusst, dass sich eine Zuhörerschaft um ihn gebildet hatte: «Wer hier einen gesunden Eindruck hinterlässt und auf der Treppe hinauf nach Ellis Island nicht ins Husten gerät, der darf einreisen; Schwindsüchtige werden umgehend wieder zurückgeschickt.» Josefine verstand den Begriff «Schwindsüchtige» nicht und schaute zu ihrem Gatten, doch der bestaunte mit offenem Mund die Konstruktion des mächtigen Rumpfes. Er war den Worten des Deutschen nicht gefolgt. «Unglaublich», stammelte der Urner Bergbauer und wandte seinen Blick für einen Moment vom Schiff ab, «eine Wand voller Eisenplatten, die von unterarmsdicken Nägeln zusammengehalten wird.»

Es war ein schmaler Durchgang gebildet worden, der durch Schilder mit der Aufschrift «Health Officer» begrenzt wurde.

Die Gesundheitskontrolle musste also noch überstanden werden. «All diejenigen, die krank sind, erhalten ein Kreidezeichen auf die Kleidung und müssen zurück», schloss der Deutsche seine Ausführungen ab, bevor er selbst gemustert wurde. In diesem Moment keimte in Josefine eine zwiespältige Hoffnung auf: Was würde passieren, wenn die Ärzte sie oder Josef zurückwiesen? Könnte sie dann in ihre Heimat und zu ihrem Sohn zurückkehren? Sie war tatsächlich bleich im Gesicht. «How are you?» Ein grauhaariger Herr mit runder Brille bat sie freundlich, ihren Mund zu öffnen. Er schaute ihr mit einer Art Lupe in die Augen und fuhr ihr mit einem Kamm durchs Haar. Es gab nichts zu beanstanden. Der nette Herr händigte ihr ein Dokument aus, auf dem ein speckiger Stempelabdruck klebte.

Drei Gangways verbanden die Landungsbrücke mit der schwimmenden Stadt. Josefine fragte sich, wie all die aufgetürmten Gegenstände rechtzeitig auf dem Schiff verstaut werden konnten. Sie kam aus dem Staunen nicht mehr heraus. Plötzlich waren ihre auf der Anreise wiedererwachten Sorgen fast vollständig verflogen. Sie hätte nie im Leben geglaubt, dass sie einmal ein derart grosses Gefährt zu Gesicht bekommen würde, geschweige denn, es zu betreten, um mit ihm über den Ozean zu fahren. Sie blinzelte in die Morgensonne und kniff ihre Augen zusammen: «T-I-T-A-N-I-C» konnte sie die weissen Lettern entziffern, die von weit oben die erwartungsfrohen Reisenden begrüssten.

Der Einstieg der Passagiere dritter Klasse führte direkt in den Schiffsbauch. Der Steward, der sie in Empfang nahm, steckte in einer blütenweissen Uniform. Er war sichtbar stolz auf «sein» Schiff und grüsste mit einem strahlenden Lächeln. Der junge Mann wies ihnen, nach einem Blick auf die Tickets, den Weg zu den Kabinen im Unterdeck. Josef und die anderen Männer wurden angehalten, dem breiten

Korridor nach links zu folgen. Nun mussten sich die Frauen von Josef, Albert Wirz und den Kink-Zwillingen verabschieden. In der dritten Klasse wurden Männer und Frauen in getrennten Kabinen nach Amerika transportiert.

Es roch nach frischer Farbe. Von der Decke hingen Rohrleitungen. In den verwinkelten Gängen herrschte geschäftiges Treiben. Aufgeregte Stimmen vor und in den Kabinen. Auf Brusthöhe waren Schilder zu erkennen, auf denen der Standort vermerkt oder die Wegweiser zu den anderen Decks waren. Josefine befürchtete bereits nach wenigen Metern, die Orientierung zu verlieren. Es war umständlich, ihren Korb die engen Treppen hinunterzutragen. Aloisia half ihr so gut wie möglich. «Här, här!», schrie ein Blondschopf durch die Menge, gerade so, als hätte er einen verborgenen Schatz entdeckt. Vor den offen stehenden Kabinentüren gab es ein Gedränge und sie musste seitwärts gehen. Auf dem Weg durch das schwankende Labyrinth kam ihnen der Gehilfe des Zahlmeisters mit einer Liste entgegen. Sein Gesicht glänzte, denn er hatte alle Hände voll zu tun, um den Überblick zu behalten. «Arnold and Haas», artikulierte Josefine laut und deutlich. Der blonde Jüngling fuhr mit dem Finger die ellenlange Liste der Passagiere entlang und runzelte kurz die Stirn. Josefine erschrak. Aloisia bemerkte nichts von der Verunsicherung. Das Gesicht des Mannes, der vermutlich kaum älter als Josefine war, hellte sich jedoch umgehend wieder auf, als er den gewünschten Eintrag fand. «Here we are», resümierte er überschwänglich: «The ladies are in cabin one hundred and ninety.»

190 – Luise Kink strebte wie ein Spürhund durch die Eingeweide des Ozeanriesen. Die anderen Frauen versuchten, den Anschluss nicht zu verlieren. Nach zehn Minuten drängte sie als Erste in die Kabine. Der Raum war nicht gross, aber blitzblank, die Wände getäfelt. Sechs Kojen mit

einem handhohen Wändchen, das verhindern sollte, dass man während der Überfahrt aus dem Bett fiel. Frisch bezogene Liegen, in denen noch nie jemand geschlafen hatte; keine Fenster, jedoch ein Luftschacht und ein Waschbecken an der Wand, das sich bei Bedarf herausklappen liess. Drückte man den Hebel herunter, floss kaltes Wasser aus einem Hahn, der mit einem Tank verbunden war. Josefine hängte ihren Korb ans Bettgestell. Sie hatte mit Aloisia vereinbart, dass sie unten schlafen würde. Aloisia verstaute ihr Gepäck ebenfalls, schwang sich auf ihr Bett und liess ihre Beine baumeln. Es war eng und man musste gestaffelt die Kabine verlassen oder betreten. Doch für die beiden Urnerinnen waren solche Verhältnisse nichts Ungewohntes.

Auf der anderen Seite richteten sich Luise und Maria Kink ein. Luise, die Ehefrau von Anton, die oben schlief, zeigte ihrer vierjährigen Tochter Luise Gretchen ihr Logis für die nächsten fünf Nächte; sie durfte es sich mit ihrem Stofftier im Bett unter ihrer Mutter bequem machen. Eine Liege blieb unbenutzt. Luise stammte ursprünglich aus dem Württembergischen, hatte Josefine herausgefunden. Sie war 1906 mit ihrem Mann nach Zürich gezogen, hatte als Dienstbotin gearbeitet und sprach gut Schweizerdeutsch. Ihre Tochter war ein stilles Mädchen mit braunen Zöpfen. Der Anblick der Kleinen weckte bei Josefine schmerzhafte Erinnerungen an ihren vier Monate alten Sohn. Wie erging es wohl dem Seppäli ohne seine Eltern auf dem *Gezig*? Sie wandte ihr Gesicht ab, denn ihre Augen hatten sich im Nu mit Tränen gefüllt.

Ein Ozeandampfer kurz vor dem Ablegen ist eine verworrene Welt: ein Tanz von kleinen und grossen Dingen, Trillerpfeifen und krächzenden Kränen, pfeifenden Seilwinden und unterschiedlichsten Angelegenheiten, die im letzten Moment erledigt werden müssen. Es ist eine aufgeladene, wenn nicht sogar gereizte Stimmung. Seeleute verständigen sich mit lauten Zurufen. Das Verstauen des Gepäcks und die Warenannahme gleichen den finalen Verrichtungen in einem Theater, wenn die Premiere bevorsteht und jeder Handgriff sitzen muss. Kurz vor zwölf verkündete die Dampfpfeife eindringlich, dass alle von Bord gehen müssen, die nicht mitreisen würden. Letzte Postsäcke flogen durch die Luft und eine Gruppe von Heizern rannte über den Pier. Die Gangways wurden eingebracht und die «Titanic» trieb langsam, von Schleppern gezogen, aus dem Hafenbecken, begleitet von den letzten Abschiedsgrüssen jener, die auf dem Kai zurückblieben. Die mächtige Dampfsirene heulte dreimal: ehrfurchterheischende Dreiklänge, die verzerrt von der Landebrücke zurückhallten.

Josefine bekam im Schiffsinnern von all diesen Manövern nichts mit. Als Josef an der Kabinentür erschienen war und aufgeregt berichtet hatte, dass er mit den Kinks, Albert Wirz, Leo Zimmermann, einem dreissigjährigen Bauern aus dem Schwarzwald und einem schweigsamen Böhmen in einer Sechserkabine untergebracht sei, verzichtete sie darauf, ihrem Mann und seiner Cousine auf Deck zu folgen. Sie brauchte etwas Zeit für sich selbst und war froh, dass auch die anderen Frauen sich auf den Weg nach oben begaben. Sie nahm ihren gut gehüteten Schatz – das Buch von Mister Sullivan – aus dem Korb und legte sich auf der schmalen Pritsche hin. Die Lektüre musste noch warten, denn Josefine verschränkte die Arme hinter dem Kopf und sinnierte über die vergangenen Tage nach. Sie war froh, dass der erste Teil der Reise geglückt war. Später, als die Schiffsmotoren, die ihr Molochen erstaunlich nahe an der Kabine verrichteten, so richtig in Gang kamen, versank sie in einen unruhigen Schlaf.

Hornstösse rissen sie aus der nebulösen Traumwelt. Sie glaubte, das Harsthorn der Urner Kriegsknechte zu vernehmen, das zur blutigen Schlacht rief. Für einen Moment lang war der jungen Frau nicht klar, wo sie sich befand. Als sie jedoch die weissen Wände und die Etagenbetten musterte, realisierte sie, dass ihre erste Reise zu hoher See in vollem Gange war. Sie trat barfuss auf den Korridor hinaus. Die Metallwände transportierten das mächtige Motorengeräusch. Der hell ausgeleuchtete Flur, dessen Linoleumboden glänzte, war menschenleer. Josefine wagte sich ein paar Schritte bis zur nächsten Ecke. Auf halber Höhe war ein Geländer, das sich wie eine bleiche Schlange an die Wand schmiegte. Sie blickte um die Ecke und konnte auf der Treppe Fahrgäste erkennen, die zielstrebig den Aufstieg wagten. Sollte sie sich für das Essen bereitmachen? Doch Josefine entschied, in die leere Kabine zurückzukehren. Sie verspürte keinen Hunger und ihr Magen fühlte sich flau an. Nach der Erfahrung auf der Kanalfähre befürchtete sie, dass die Seekrankheit zu einer unerwünschten Begleiterin werden würde. Auch ein mächtiger Ozeandampfer musste den Launen des Meeres gehorchen. Nicht allzu stark, doch in gut wahrnehmbarer Art und Weise. Sie schlich durch den Gang zurück. Verunsichert sah sie sich in der schummrigen Kabine um. Sie fühlte sich in diesem «Stahlkäfig» seltsam beengt. Es war ihr bewusst, dass sie sich nur knapp über dem Meeresspiegel befand.

Auf unsicheren Beinen streifte sie ihr Nachthemd über, das, als unliebsames Andenken an den Aufenthalt im «Crown & Dagger», nach Rauch roch. Bevor sie in die Koje kletterte, schaltete sie das Licht ganz aus. In Gedanken versuchte sie, in ihr geliebtes Tal zurückzukehren: Sie dachte an die Berggipfel, das Rauschen der Reuss, die Strassenbahn nach Flüelen, den Urnersee am Morgen, den Gitschen im Abendlicht und all die lieben Menschen, die sie vor wenigen Tagen hatte zurücklassen müssen. Das unaufhörliche Wiegenlied des Schiffes setzte ihr zu. Sie schwelgte in Erinnerungen:

Ihre Familie sass zu dieser Zeit bestimmt in der Stube, trank Kaffee und teilte sich Käse, Kartoffeln und Butter. Dann schweiften ihre Gedanken hinauf zum *Gezig*. Hier, über dem vertrauten Tal, kümmerten sich ihre Schwiegermutter und Josefs Schwestern um ihren Sohn, der jetzt schon über hundert Tage alt war. Josefine grübelte. Vielleicht hätten sie den Kleinen trotz allem mitnehmen sollen... Doch das Kind war so zerbrechlich, und das Geld für ein zusätzliches Ticket wäre in so kurzer Zeit auch nicht aufzutreiben gewesen. Frau Kink hatte ihr verraten, dass Luise Gretchens Fahrkarte ganze hundert Franken gekostet hatte. Die lange Reise wäre dem kleinen Giuseppe bestimmt nicht gut bekommen, versuchte sich Josefine einzureden. Wenn schon sie als Erwachsene so leiden musste, dann wäre es dem Kleinen bestimmt noch ärger ergangen.

Josefine atmete tief, ihre Hände begannen zu zittern. Was konnte sie gegen dieses endlose Schlingern unternehmen? Nichts, einfach nichts! Sie fühlte sich hilflos. Sie erhob sich, stieg aus dem Bett, schwankte durch die Kabine und tastete nach dem Lichtschalter. Unvermittelt sackte sie auf die Knie nieder, anders konnte sie das Gleichgewicht nicht mehr halten. Ihr innerer Kompass spielte verrückt. Sie begriff, dass sie versuchen musste, sich so schnell wie möglich zu übergeben. Sie erhob sich und spie eine zähe Flüssigkeit in das Waschbecken. Das war nun die Strafe für ihre Eigensucht. Zu Hause wäre ihr das nicht passiert. Was für ein Elend! Sie würgte, denn sie hatte kaum noch etwas zu erbrechen, nur saure Galle, die ihr einen Geschmack im Mund hinterliess, der sie zum Weinen brachte.

Sie atmete durch die Nase und begann mit der Hand das Waschbecken zu säubern. Dann nahm sie ihren Korb und versuchte das kleine Fläschchen Rosenwasser zu finden, das ihr die Mutter zum Abschied mitgegeben hatte. Sie tröpfelte ein wenig davon auf ihr Nachthemd, in der Hoffnung, dass die anderen nichts von ihrer Unpässlichkeit bemerken würden. Nachdem sie sich die Zähne geputzt und das Gesicht gewaschen hatte, lauschte sie, ob sich jemand draussen im Gang befand. Sie hörte nichts ausser dem Stampfen der Maschinen. Sie schlich zur Toilette weiter vorne auf dem Korridor. Auch hier war niemand anzutreffen. Es roch nach Urin. Sie wagte gar nicht, daran zu denken, was hier am Morgen los sein würde. Auf dem Weg zurück zur Nummer 190 blieb sie vor der Nachbarkabine stehen, lauschte, konnte aber keine Geräusche vernehmen. Sie fragte sich, ob die Passagiere darin sich schon schlafen gelegt hatten oder ob sie sich an Deck befanden. Sie verweilte einsam im Gang in der Hoffnung, Josef oder Aloisia würden auftauchen. Doch als ein Steward um die Ecke bog, huschte sie rasch in ihren stählernen Käfig.

Nach all der Aufregung versank sie in einen tiefen Schlaf. Aufgeweckt wurde sie durch eine kühle Hand, die sich auf ihre Stirn legte. Aloisia stand vor der ächzenden Liege und musterte sie mit einem besorgten Blick. Die anderen Frauen lagen noch in ihren Betten. Nur die kleine Luise Gretchen sass auf der Bettkante und spielte mit einer Puppe. «Hallo, geht's dir wieder besser?», fragte die Reisegefährtin leise. «Josef wollte dich gestern noch besuchen, aber er hat sich vermutlich auf dem Zwischendeck verirrt. Er hat wohl vergessen, die Nummer unserer Kabine aufzuschreiben.» Josefine richtete sich auf. Es dröhnte durch den Gang. «Der Hornklang verkündet die Essenszeit», erklärte Aloisia, die bereits angezogen war. «Das Frühstück kann ab halb acht eingenommen werden, das Mittagessen zwischen dreizehn und vierzehn Uhr dreissig und zum Abendessen wird man ab achtzehn Uhr erwartet.» Sie rezitierte, als ginge es darum, ein Gedicht fehlerfrei aufzusagen. Josefine verspürte ein Hungergefühl. Aloisia fuhr begeistert fort: «Im Speisesaal sind sämtliche Tische eingedeckt und Kellner servieren die Mahlzeiten. Man fühlt sich wie in einem Grand Hotel.» «Wie im Hotel», dachte Josefine, «aber für einmal auf der anderen Seite und in einer anderen Rolle.»

Eine halbe Stunde später betrat Josefine zum ersten Mal den Speisesaal der dritten Klasse. Hier sah es tatsächlich wie in einem richtigen Restaurant aus. Der Boden glänzte frisch poliert, die Wände strahlten weiss. Schlanke Säulen durchbrachen den weiten Raum. Durch die Bullaugen quoll Morgenlicht herein. «Endlich wieder einmal Sonnenlicht», freute sich Josefine. Seit dem Ablegen in Southampton war die schummrige Kabine ihr Refugium gewesen. Noch während sie versuchte, zwei freie Plätze auszumachen, schob sich ein Kellner in ihr Blickfeld und beorderte sie und ihre Kabinengenossin ans Kopfende einer langen Tafel. Die jüngere der beiden setzte sich vorsichtig hin und fuhr mit der Hand unauffällig über das frisch gestärkte Tischtuch. Aloisia hingegen fühlte sich hier schon ganz wie zu Hause. Der Kellner erkundigte sich auf Englisch, ob er Tee oder Kaffee servieren dürfe. Die beiden Urnerinnen zeigten auf die Kaffeekanne; Tee trank man nur, wenn man sich krank fühlte. Was sich dann abspielte, kannte Josefine aus dem Grand Hotel Adler nur allzu gut: schweres Besteck, Toastbrot, Marmelade, Schinken und Eier, eine graue Masse, die nach feuchtem Holz roch, ein Korb voller Äpfel und dampfender Kaffee in Tassen, auf denen eine Flagge mit einem weissen Stern wehte, ergänzt durch den Schriftzug «White Star Line». Die ehemalige Bedienstete genoss das ausgedehnte Frühstück. Immer wieder schielte sie nach links und rechts, um sich abzusichern, dass ihr kein Fehler beim Hantieren mit dem Besteck unterlief. Das Geschirr war bestimmt ganz neu. In all dieser Pracht fühlte sie sich wie die «Königin der Meere». Gerade als sie einen Apfel zerteilen wollte, erschien Josef zusammen mit Albert Wirz im Speisesaal. Die Begrüssung war ausgelassen, das junge Paar hatte sich seit Stunden nicht mehr gesehen. Josef bestellte zweimal Schinken und Eier, sein Begleiter tat es ihm gleich. Auch vom Kaffee tranken sie reichlich. Hätte jemand in diesem Moment die frühstückenden Auswanderer beobachtet, er wäre überzeugt gewesen, die glücklichsten Menschen auf Gottes weiter Erde vor sich zu sehen.

Nach diesem kaiserlichen Mahl erkundeten die drei das Promenadendeck der dritten Klasse. Josefine staunte über die schier unüberblickbare Staffage an Aufbauten, Treppen, Winden und Ladebäumen. Gusseiserne Bänke luden zum Verweilen ein. Ganz hinten hing eine Flagge im Wind. Sie stiegen auf das Zwischendeck hinunter. Im Rauchsalon der dritten Klasse, der sich ebenfalls im Heckbereich befand, trafen sie auf die Familie Kink. Dieser gut besuchte Raum wirkte auf Josefine wie der Wartsaal im Bahnhof Flüelen. Die getäfelten Wände sowie die Bänke und Tische aus Holz verströmten eine Gemütlichkeit auf Zeit. Anton Kink beachtete die Neuankömmlinge zuerst gar nicht. Er schien ungehalten zu sein und zog seinen Schnurrbart streng hoch. Fahrig suchte er etwas in seiner Manteltasche. «Luise, wo ist denn mein Zigarettenetui?», zischte er. «Aber du weisst doch, Anton, du sollst nicht rauchen», entgegnete die besorgte Ehefrau. «Ja, ich weiss. Aber es wäre mir verdammt noch einmal lieber, wenn du die Entscheidung mir überliessest!»

Josefine erschrak. Sie war es nicht gewohnt, dass jemand in aller Öffentlichkeit einen derart harschen Ton anschlug. Beim Zigarettenanzünden zitterten die Hände des älteren der Kinks. Den ersten Zug tat er mit geschlossenen Augen, lungentief einatmend, ausatmend, einen Wulst an Rauchkringeln ausstossend. Verstohlene Blicke bei den Urnern, dann verabschiedeten sich die drei und setzten ihre Entdeckungsreise fort.

Josefine konnte sich nicht sattsehen: Dieses Schiff war bestimmt dreimal so lang wie die Schmiedgasse in Altdorf. Es war wie ein mehrstöckiges Gebäude aufgebaut. Weiter oben konnte man in dicke Mäntel gehüllte Menschen beim Flanieren sehen. Zwischen Winden und Ladebäumen erkannte Josefine die Rettungsboote. Gut verpackt und dicht eingeschnürt wirkten sie auf die unerfahrene Reisende wie überflüssiger Ballast. Josef beobachtete Männer, die einen Lederball auf dem Deck herumkickten. «Jetzt müssen wir unbedingt eine Ansichtskarte schreiben», sprudelte es aus Josefine heraus. «Wenn wir sie im nächsten Hafen mit dem Postschiff mitgeben, dann kommt sie schon bald auf dem *Gezig* an. So können alle sehen, wie gut es uns geht.» Sie strahlte. «Paul wird Augen machen, wenn er sieht, wie riesig unser Schiff ist!» Sie umarmte ihren Ehemann: «Ich kann es einfach nicht glauben, dass wir schon bald in Amerika sein werden.»

Josefine malte mit zittriger Hand grosse Buchstaben auf die Karte. Versehen mit dem stolzen Haupt eines Königs wanderte die Post in einen roten Briefkasten. Kurz vor Mittag erreichte das Schiff eine Bucht. Das Wort «Queenstown» machte die Runde. Die Mittagssonne beschien die grünen Hügel der Küste und hob vereinzelte Landsitze hervor, die über grauen, abweisenden Felsen thronten. Nachdem der Lotse an Bord gekommen war, glitt der White Star Liner langsam bis zu seinem Ankerplatz, der vor dem eigentlichen Hafen lag. Die Schrauben des mächtigen Dampfers lagen so tief, dass sie den Grund aufwühlten und das Wasser braun färbten. Zwei kleine Zubringerschiffe brachten Passagiere und Postsäcke an Bord. Josefine staunte über den speerförmigen Kirchturm, der den Ort überragte. Das musste Irland sein. Sie blickte in die Bucht und sah das Postboot wegtuckern. In diesem Moment schlichen sich John Coffeys düstere Prophezeiungen in ihre Gedanken zurück. War der Unheilsbote auf dem Weg ans Festland? Die zwei Barkassen waren schon zu weit weg, als dass sie noch hätte erkennen können, ob der rothaarige Teufel an Bord war oder nicht. Warum die ganze Angstmacherei? Sie konnte sich nicht vorstellen, dass nur wenige Meter unter ihrer Kabine eine Glut flackern sollte. Das konnte einfach nicht sein. Vermutlich erlaubte sich der Ire regelmässig solche Spässe mit leichtgläubigen Passagieren.

Das Schiff lag eine ganze Weile vor dem Hafen von Queenstown. Als es sich wieder in Bewegung setzte, vollzog es einen bedächtigen Viertelkreis, bis der Bug entlang der Küste zeigte. Der Atlantik öffnete seine Arme. New York war der nächste Hafen. Dazwischen lagen nur Wasser und Wind. Ein Haus am Ende der Stadt leuchtete noch viele Kilometer lang weiss von einem Hügel, doch Josefine interessierte sich mehr für die Vorgänge an Bord. Sie und Josef benötigten mehr als zwanzig Minuten, um durch den Verbindungskorridor und mehrere Treppenhäuser in den vorderen Teil des Ozeandampfers zu gelangen. Hier stiessen sie auf dem Vorderdeck erneut auf Anton Kink. Er schien sich beruhigt zu haben. Das Schiff passierte die Westküste Irlands, die im Sonnenlicht des Frühlingstages wunderschön aussah. Josefine sog die herbe Meeresluft ein. «Vor uns liegt der Ozean», dachte sie, «ein Tal, tausend Mal grösser als der Kanton Uri, bis unter die Bergspitzen gefüllt mit Wasser.» Ein heftiges Frösteln durchfuhr sie.

Am Vordermast der «Titanic» wehte die amerikanische Flagge. Sie erkundigte sich bei Herrn Kink, wie das bei einem englischen Schiff sein könne. «Die Beflaggung richtet sich stets nach dem Zielhafen», antwortete dieser. «Ich muss noch viel lernen», konstatierte die junge Frau, «doch dazu habe ich alle Zeit der Welt.» Als das Festland nur noch schemenhaft wahrzunehmen war, verabschiedete sie sich von den beiden Männern. Die hatten vereinbart, sich an der Bar auf dem Aussendeck noch ein Bier zu genehmigen. Es freute Josefine, dass ihr Ehemann so rasch Anschluss gefunden hatte. Das hartnäckige Unbehagen, das sich tief in ihr festgesetzt hatte, war für einen Moment verflogen.

Sie begab sich unter Deck. Wie bereits am Vortag benötigte sie mehr als einen Versuch, um die richtige Kabinentür zu finden. Diese Gänge waren ein wahres Labyrinth. Zum Glück gab es im Schiffsbauch Menschen, die man nach dem Weg fragen konnte. Als sie die Nummer 190 ausgemacht hatte, öffnete sie vorsichtig die Türe. Aloisia kauerte auf dem Bett und starrte traurig vor sich hin. Josefine erkundigte sich bei der Reisegefährtin, was sie bedrücke. «Ach, ich weiss es auch nicht so recht. Eigentlich freue ich mich auf Amerika. All das Neue, die vielen Menschen. Aber gleichzeitig macht mir diese unbekannte Welt Angst.» Josefine konnte ihre Gefühlslage nur zu gut verstehen. Ohne eine aufmunternde Antwort zu erschwinden, schloss sie ihre Leidensgenossin in die Arme. Aloisia erwiderte die Umarmung und die beiden Frauen verweilten in dieser wohltuenden Sicherheit, während das Schiff über unauslotbare Meerestiefen stampfte.

11

Am Nachmittag des nächsten Tages hatte sich Josefine auf dem Achterdeck niedergelassen. Sie genoss die frische Meeresbrise. Das elegant im Wasser gleitende Hotel befand sich mitten auf dem Atlantik, wohl einige Seemeilen näher an Neufundland als an der irischen Küste. Im Kielwasser kreischten Hunderte von Möwen. Sie stritten sich um Essensreste, die aus den Abfallrutschen glitten. Josefine beobachtete sie und war erstaunt über die Leichtigkeit, mit der sie dem Riesengefährt folgten. Sie behielt einen Vogel im Blick und sah keine Bewegung, die seinen Flug unterstützt hätte. Nur wenn ihn eine Böe traf, verschlug es ihn ein wenig zur Seite. Sie erinnerte sich an die unbeschwerten Momente an der Hafenpromenade in Flüelen: «Wie wird es wohl mit dem Grand Hotel Adler weitergehen?» Vor der Abreise war ihr zu Ohren gekommen, dass kaum jemand eine neue Anstellung erhalten hatte. Würden im Mai genügend Gäste anreisen oder musste Direktor Aschwanden sein angesehenes Haus nach der Hauptsaison für immer schliessen? Würde sich die Familie Sullivan je wieder nach ihr erkundigen?

Der Essensruf des Hornisten schmetterte durch den Schiffsleib. Josefine verspürte keinen Appetit. Sie knüpfte ihren Mantel zu und blieb sitzen. Das Sonnenlicht verlor an Kraft. Ein schneidender Wind ritt wilde Attacken gegen die sperrigen Deckaufbauten. Sie genoss ihre Freiheit. Auch heute war ihr unter Deck speiübel geworden. Sobald sie sich in einem geschlossenen Raum befand, empfand sie die Bewegung des Schiffes, als würde sie ein Unbekannter von hinten umfassen und gewaltsam hin- und herschaukeln. Nur noch drei Tage, tröstete sie sich. Dann würde sie wieder festen

Grund unter ihren Füssen haben. Zwar nicht das Erdreich ihrer Heimat, aber immerhin eine stabile Unterlage, die ihren Sinnen keine Streiche spielt. Die Möwen waren immer noch hinter dem Schiff, als es einnachtete. Sie schrien und tauchten in das graue Meerwasser hinab. Die grellen Laute gingen ihr durch Mark und Knochen und erinnerten sie unvermittelt an Josefs lautstarke Taufe in der Kirche von Altdorf. Das war drei Monate her. «Hoffentlich wird der Seppäli nun nicht mehr von Schreikrämpfen geplagt», dachte sie und begab sich nachdenklich auf den Rückweg in die Kabine.

Am nächsten Morgen waren die Möwen verschwunden. Die Sonne ging hinter dem Schiff in einem Himmel mit kreisförmigen Wolken auf und strahlte in langen, schmalen Streifen über den Horizont. Es war ein faszinierender Anblick. Josefine liebte es, auf dem Deck zu stehen und die Wellen zu betrachten, die in einem ununterbrochenen Strom vom Schiff fortstrebten. Die Temperaturen waren weiter gesunken. Ohne einen Mantel konnte man sich auch bei Sonnenschein nicht mehr auf dem Aussendeck aufhalten. Sie traute sich jetzt, ohne Begleitung kreuz und quer durch den stählernen Irrgarten auf Erkundungstour zu gehen. Es galt nur, die richtigen Treppen zu finden. Bei ihren Rundgängen stellte sie fest, dass einige der Durchgänge verriegelt waren.

Die dritte Klasse war ein eigener Kosmos, eine vielsprachige Welt, so wie auch die höheren Klassen auf dem Schiff in sich abgeschlossene Gesellschaften bildeten. Es gab viele ungewöhnliche Menschen, die zu neuen Ufern unterwegs waren. Josefine beobachtete eine Gruppe, die in schweren Mänteln auf dem Vorderdeck stand und kaum ein Wort wechselte. Auffällig waren jene rotgesichtigen Männer, die Herr Kink als «Schweden» bezeichnet hatte und die zu den besten Gästen an der Bar gehörten. Sie grölten unverständliche

Laute über das Deck und lachten derb. Und dann gab es auch eine Ansammlung von Frauen, die in Kopftücher gehüllt war. Sie hatte keine Ahnung, woher diese seltsamen Geschöpfe stammten. Josefine begann die wunderliche Szenerie still zu kommentieren und stellte sich vor, sie würde alle diese unfassbaren Dinge ihrer Familie in Altdorf erzählen. Die Flut von Eindrücken überforderte sie: «Mir fallen keine Wörter ein, aber das hier ist ein neuer Ort und ich brauche neue Wörter.» Sie hielt einen Moment inne. Dabei fiel ihr auf, dass sie schon seit mehreren Tagen nicht mehr gebetet hatte.

Die Sonne sank ins graublaue Wasser, einen glitzernden Pfad weisend, eine goldene Spur auf die Oberfläche des Meeres zeichnend. Josefine liebte diese Zeit des Tages am meisten. Ihr war der Mond als nächtlicher Begleiter schon immer lieber gewesen als die grelle Sonne am Tag. Sie schlenderte zurück in den Aufenthaltsraum. An einem Tisch an der Rückwand sassen zwei Männer über ein Spielbrett gebeugt. Sie wusste, dass dieses Spiel Schach hiess. Die Regeln kannte sie nicht. Die beiden Männer starrten so konzentriert auf die Figuren, als wären sie vor Stunden auf ihren Stühlen eingefroren. «Bei diesem Spiel zu gewinnen, ist äusserst schwierig», vermutete Josefine. Ihr Lehrer, Herr Danioth, hatte Schach als das «Spiel der Könige» bezeichnet. Hier konnte sie nicht mithalten, doch in Amerika würde sie bestimmt jemanden finden, der ihr dieses rätselhafte Aufeinandertreffen von Weiss und Schwarz Zug um Zug erklären konnte.

Am nächsten Morgen besuchte das Ehepaar aus Altdorf gemeinsam die Sonntagsfeier, die in englischer Sprache abgehalten wurde. Diese von Musik umrahmte Zeremonie, inmitten einer Ansammlung fremder Menschen, tat Josefine gut, obwohl es in ihren Augen kein «richtiger» Gottesdienst war. Später schauten sie im Aufenthaltsraum den tanzenden irischen Männern und Frauen zu. Diese Iren waren ein munteres Völkchen. Sie liessen sich keine Gelegenheit entgehen, ihre Gesangs- und Tanzkünste unter Beweis zu stellen. Josefine legte ihren Kopf an Josefs Schulter. «Was denkst du, ist der Heizer John noch an Bord?» «Ja, bestimmt», antwortete ihr Mann, ohne lange nachzudenken. «Der wollte uns nur einen Schrecken einjagen und hat die ganze Geschichte mit dem Feuer bloss erfunden.» Josefine war nicht überzeugt. Aber sie wollte diesen Moment vertrauter Zweisamkeit nicht mit ihrer «Zweiflerei» verderben.

Es herrschte Festtagsstimmung an Bord. Josefine konnte beobachten, wie die meisten Auswanderer vergnügt ihre Zeit verbrachten: Ein lärmendes Seilspringen war die grosse Zugnummer. Abseits von allen stand ein junger Mann, gepflegt gekleidet, immer behandschuht und achtsam im Auftreten. Er war bestimmt völlig fehl am Platz hier unten im Schiff. Josefine stellte sich vor, er sei bei sich zu Hause zum Versager gestempelt worden und habe sich nun mit den letzten Mitteln eine Überfahrt ergattert. Doch er sah nicht aus, als könnte er seine Probleme in Amerika lösen. Wie viele der Passagiere in der dritten Klasse würden wohl ein ähnliches Schicksal erleiden? Wie würde es ihr und Josef in Wisconsin ergehen? Was würde das «reiche Land» für sie bereithalten?

Beim Mittagessen traute Josefine ihren Augen nicht: Der Kellner goss tatsächlich eine dunkelgrüne Sauce über das saftige Bratenstück in ihrem Teller. «Pfefferminz», tuschelte Aloisia und kicherte. So etwas hatte sie noch nie gesehen. Den anderen im Raum schien es zu schmecken. Sie würgte ein ganzes Stück hinunter. Beim zweiten wischte sie mit dem Messer die eklige Sauce weg. Das Fleisch verschwand, in ein Taschentuch gehüllt, unauffällig in ihrem Mantel. In der Kabine würde sie es waschen und dann kalt geniessen. Zum Sonntagsmenü wurde eine grüne Pampe serviert, die nach feuchten Socken roch. Alles im Teller schien heute grün zu sein. Die Altdorferin schloss ihre Augen und sehnte sich nach einer dampfenden Portion *Rys und Pohr*. Als sie sich nach dieser kulinarischen Mutprobe an Deck begab, bemerkte sie, dass sich nur noch wenige Passagiere der kalten Witterung aussetzten. Das Schiff pflügte mit hoher Geschwindigkeit durch die Wellen und der eisige Fahrtwind drang durch jede Pore. Josefine begab sich zurück. Durch die Fenster konnte man den klaren Himmel mit herrlichem Sonnenlicht sehen. Das Wetter versprach eine sternklare Nacht und einen wolkenlosen morgigen Tag. Bald würden sie in den Hudson River einfahren und im Hafen von New York ankommen. Die sorglose Stimmung der jungen Leute in der dritten Klasse wirkte ansteckend. Plötzlich huschte eine Ratte quer durch den Raum; die jungen Männer verfolgten sie und die Mädchen kreischten vor Aufregung. In der Mitte des Raumes hielten sich zwei Priester mit weissen Krägen auf, die ihre Bibeln aufgeschlagen hielten und sich von nichts Weltlichem ablenken liessen.

Josefine genoss das rege Treiben im Aufenthaltsraum. Auf einmal bemerkte sie einen Mann, der dicht neben ihr stehen geblieben war. Sie erkannte das Gesicht mit den zerzausten Haaren sofort, als er sich zu ihr hinunterbeugte. Albert Wirz erkundigte sich verlegen, ob er sich neben sie setzen dürfe. Josefine war erfreut über die unerwartete Gesellschaft. Der Kabinengenosse ihres Ehemanns war ebenfalls ein Bauernsohn und hatte, genau wie ihr Josef, als Drittgeborener keinerlei Anspruch auf den väterlichen Hof im zürcherischen Uster. Er hatte sich zuletzt als Pferdeknecht mehr schlecht als recht durchgebracht. «Auf diesem Schiff geht es zu und her wie auf der Seepromenade in Zürich», eröffnete er zaghaft das Gespräch. «Gestern habe ich die Herrschaften auf den oberen Decks beobachtet: Da sieht man nur auserlesene Kleidung, edle Hüte und Pelzmäntel herumparadieren.» Josefine hatte sich bisher keine Gedanken über die Menschen auf den Etagen über ihr gemacht, sie war mit der aufregenden neuen Welt rund um sich herum genug beschäftigt. «Um von hier unten ganz nach oben zu gelangen, muss man sieben Stockwerke hinaufsteigen», fuhr Wirz fort. «Es gibt ‹schwebende Schränke›, in denen Erst- und Zweitklassepassagiere befördert werden. Uns lassen die Aufpasser aber nicht mitfahren.» Josefine wusste nicht recht, was sie erwidern sollte. Wirz' Stimme gewann an Lautstärke: «Wenn ich in ein paar Jahren auf einen Besuch nach Uster zurückkehre, mit richtig viel Geld in meinen Taschen, dann reise ich auch ganz oben mit», verkündete der stämmige Knecht in feierlichem Tonfall. Seine Augen glänzten wie die eines Kindes am Chilbitag. Josefine lauschte noch eine Weile den hoffnungsvollen Ausführungen, bis sie sich verabschiedete und den Weg zurück in ihre Kabine einschlug.

Im Gang traf sie auf einen Steward, dessen lebhafte Augen ihr schon am Morgen aufgefallen waren. Sie hatte mitgehört, als er auf Italienisch einen älteren Passagier begrüsste. Nun nahm sie allen Mut zusammen und stellte sich ihm vor: «Mi chiamo Josefina, vengo dalla Svizzera.» Der Angesprochene freute sich über die vertraute Sprache. Er erklärte Josefine, dass er aus Bergamo stamme und schon zwei Mal nach Amerika gefahren sei. Das Tessin kenne er gut, denn er habe eine Saison in Lugano im Grandhotel Palace, direkt an der Uferpromenade, gearbeitet. «Oben im À-la-carte-Restaurant arbeiten noch weitere Tessiner», wusste der Norditaliener zu berichten, «und ein Schweizer ist für die Patisserie zuständig.» Da er noch eine Menge zu erledigen hatte, musste er sich schon bald wieder verabschieden. Josefine stieg tiefer in die Eingeweide des stählernen Kolosses hinab.

In Kabine 190 war ein angeregtes Gespräch im Gang: Thema war der Hafen von New York mit der Freiheitsstatue als magischem Anziehungspunkt. Das schien die Lebensgeister enorm zu beflügeln. Angst bereiteten jedoch die Einwanderungsbehörde und ihre gefürchtete Inspektion. «Wenn wir aufs Schiff gekommen sind, dann lassen sie uns sicher auch in Amerika an Land», versuchte Luise Kink die Situation zu beruhigen. Aloisia erzählte gewiss schon zum zehnten Mal ausführlich die Geschichte von ihrer bevorstehenden Anstellung bei einer angesehenen Ärztefamilie in Chicago. Maria Kink dämpfte ihre hohen Erwartungen durch die Bemerkung, dass einem auch in Amerika nichts geschenkt werde. Josefine schwieg und wünschte sich, ganz allein in ihrer Kajüte zu liegen, um in ihrem Buch weiterzulesen, ein Wunsch, der schon bald in Erfüllung ging. Die anderen Frauen machten sich auf den Weg zum Nachtessen. Aloisia wusste bereits, was serviert würde. Sie hatte schon beim Frühstück den Menüplan studiert: «Reissuppe, *Roschtbeef* mit dunkler Sauce, süsser Mais und zum Dessert *Plumspudding*», führte sie aus. «*Plumspudding*», wiederholte sie, «was auch immer das ist.» Josefine vermied es, ans Essen zu denken. Bei ihr kündigte sich bereits wieder ein Unwetter in der Magengegend an. Ach, wie sehnte sie sich nach festem Boden unter den Füssen.

Kaum hatte sie sich ausgezogen, spürte sie eine stärker werdende Vibration. Trotzdem genoss sie die erfreuliche Gelassenheit des ausklingenden Abends. Während die Betriebsamkeit im Schiffsbauch nur noch in gedämpften Geräuschen durch die Lüftung zu ihr drang, spürte sie eine fein gewobene Zufriedenheit in sich aufsteigen. Josef hatte mit seiner Behauptung wohl doch recht gehabt: Amerika bot ihnen Möglichkeiten, von denen andere nicht einmal zu träumen wagten. In Wisconsin konnten sie sich etwas Eigenes aufbauen. In Wisconsin war alles möglich. Schon bald würde der kleine Josef nachkommen und – so Gott will – viele Geschwister erhalten. Alle zwei Jahre würden sie eine Reise in ihre Heimat unternehmen und all ihren Verwandten und Bekannten Geschenke mitbringen. Eine schneeweisse Matrosenuniform für den kleinen Paul. Eine neue Tabakpfeife für Onkel Bartholomä. Ihre Mutter würde sie mit feinem Tuch überraschen und Vater Giuseppe mit einer Flasche echtem Whiskey. Sie würde viele Briefe schreiben und allen ausführlich berichten, wie gut es ihnen in Amerika erging. Eingelullt von goldenen Aussichten dämmerte sie weg.

12

Kurz vor Mitternacht lag Josefine auf einen Schlag wach. Hatte jemand am Bett gerüttelt? Sie starrte in die Dunkelheit. War ein Fremder in der Kabine? Sie konnte nichts Auffälliges ausmachen – vermutlich hatte sie sich alles nur eingebildet. Die junge Frau schwitzte. Es gelang ihr nicht mehr, einzuschlafen. Etwas war anders, etwas lag in der Luft. Sie brauchte eine Weile, bis sie realisierte, was sich verändert hatte: das Toben der Motoren hatte aufgehört und war einer eigenartigen Stille gewichen. Sie lauschte. Ausser einem mehrstimmigen Schnarchkonzert war in der Kabine nichts zu vernehmen. Dann klopfte jemand an die Tür, öffnete sie und betätigte den Lichtschalter. Es war bedrohlich hell in der Kabine. Josefine rieb sich den Schlaf aus den Augen. Sie hatte keine Ahnung, was da vor sich ging. Auch die anderen Frauen waren aufgewacht, niemand traute sich, etwas zu sagen. Sie schauten einander verdutzt an. Die kleine Luise Gretchen weinte leise. Was ging da vor? Nach wie vor war nichts Aussergewöhnliches zu hören: keine Schreie, kein Rufen, keine Hornstösse, niemand, der aufgeregt durch die Gänge eilte – nichts. Doch es war gerade die frappante Geräuschlosigkeit, die Josefine beunruhigte. Es war eine Stille, die nicht zu diesem Ort passte.

Auf dem Kabinenboden lag etwas, das sie noch nie gesehen hatten. Josefine schlüpfte unter der Decke hervor und betastete vorsichtig das Bündel. Dieser grobe Klüngel glich einem Ballen zusammengeschnürter Kleidungsstücke. Es war Kork, bezogen mit Segeltuch. «Was sollen wir bloss tun?», flüsterte Aloisia verunsichert. «Am besten warten wir, bis jemand vorbeikommt, der uns genau sagen kann, was hier eigentlich los ist», schlug Luise Kink vor. «Vielleicht ist es eine Übung», meinte Aloisia, «und diese Dinger muss man anziehen, wenn man nach draussen gehen will. Es ist nämlich verdammt kalt da oben.» Die Frauen blickten sich ratlos an. Josefine versuchte, das Paket zu entflechten. Niemand machte Anstalten, seine warme Ruhestatt zu verlassen, und so kroch auch Josefine zurück ins Bett.

Es dauerte fast eine Stunde, bis sich Josef im Schlepptau der Gebrüder Kink in den Heckbereich durchgekämpft hatte. Im vorderen Teil des Schiffes gab es fast kein Durchkommen. Dann betraten die Männer in ihren Mänteln und mit dem Gepäck die Kabine 190. «Zieht euch sofort an!», rief der ältere Kink. Josefine bemerkte, dass die Männer nasse Schuhe und Hosenbeine hatten. Die Frauen erhoben sich widerwillig. Es waren so viele Menschen in diesem engen Raum, dass sie nur mit Mühe aus ihren Betten steigen konnten. «Um Gottes willen, Anton, was ist denn los?», wollte Maria Kink von ihrem Gatten wissen. «Irgendetwas mit dem Schiff stimmt nicht. Wir haben vorne eine Erschütterung gespürt, fast wie bei einem Erdbeben. Kurze Zeit später wurden die Motoren zurückgefahren. Jetzt laufen sie nicht mehr», rapportierte Kink hektisch. «Auf dem Deck liegen Eisbrocken herum und aus den Kesseln wird Dampf abgelassen.» Irritiert durch die Anwesenheit der Männer hatten sich Josefine und die anderen hastig Kleidungsstücke über ihre Nachthemden angezogen. Luise Gretchen weinte unaufhörlich. «Vergesst die Mäntel nicht und zieht die Schwimmwesten an!», befahl Anton Kink den Frauen, die noch immer nicht verstanden, was sich um sie herum abspielte.

Kurz darauf erschien ein Uniformierter in der Türe und forderte sie auf, ihm zu folgen. In den Gängen drängten sich die Passagiere. Die Treppe nach oben war blockiert. Es war angespannt ruhig tief unten im verletzten Leib des stolzen

Prachtschiffs. Eine bunt zusammengewürfelte Menschenmenge schob sich durch die verschachtelten Korridore. Eine kuriose Prozession, die sich langsam nach Achtern bewegte. Die Auswanderer trugen Schachteln, Taschen und sogar Koffer mit sich herum; ein aufgebrachtes Stimmengewirr war zu hören, das von kurzen Befehlen in besänftigendem, aber für die meisten unverständlichem Englisch durchdrungen wurde. Lange Zeit geschah rein gar nichts, dann kam die sonderbare Gesellschaft in Bewegung. Die drei Urner versuchten angestrengt, den Anschluss nicht zu verlieren. Sie erreichten die Haupttreppe und wurden mit den anderen nach oben befördert. Zwei Stockwerke höher erwartete sie eine ganz andere Stimmung: Schreie gellten durch die Gänge, sämtliche Kabinentüren standen offen. Es wurde lauthals gegen das Verhalten der Crew aufbegehrt: Auch Heizer mit schwarzen Striemen auf ihren glänzenden Gesichtern drängten auf das Deck. Ihnen brauchte keiner zu erklären, dass etwas nicht in Ordnung war. Ein Schwarm von aufgebrachten Passagieren drängte sich um den Treppenaufgang. Sie wurden zurückgehalten. Anfangs waren nur Frauen und Kinder dagewesen, dann stiessen die Männer aus dem Vorschiff hinzu. Eng zusammengedrängt, lärmend und ruhelos, wirkten sie unter den niedrigen Decken mit den nackten Glühbirnen, eingeschlossen von Stahlwänden, nicht mehr wie die Gäste des modernsten Ozeandampfers der Welt, sondern wie ein Pulk Kriegsflüchtlinge.

Josefine roch ihren eigenen Schweiss. Sie hörte ihr Blut in den Ohren rauschen. Am liebsten wäre sie zurück in die Kabine geflüchtet, doch Josef hatte sie am Handgelenk gepackt und mitgerissen. Nun kam auch er nicht mehr voran. Ein überforderter Matrose, wohl noch keine achtzehn Jahre alt, mühte sich ab, einzelne Passagiere in Schwimmwesten zu zwängen. Viel Erfolg hatte er nicht. Ein Kurzhaariger mit geröteter Stirn versuchte der wild zusammengewürfelten

Gruppe klar zu machen, dass alle ihr Gepäck zurücklassen mussten. Das akzeptierten die Menschen nicht. Sie besassen wenig, und dieses Wenige wollten sie nicht verlieren. Die drei Urner steckten hinten im Gewühl fest.

So vernahmen sie die hartnäckigen Befehle, Frauen und Kinder zuerst hinauf zum Bootsdeck zu lassen, nicht. Einige Frauen weigerten sich. Eine Delegation von Männern bestand darauf, vorausgehen zu dürfen. Jemand begann zu zetern und zu fluchen. Die Besatzungsmitglieder liessen es nicht zu, dass ihre Befehle missachtet wurden. Von weiter oben erscholl ein furchterregendes, lang anhaltendes Geheul. Unvermittelt ging ein schauriger Ruck durch den ramponierten Schiffskörper.

Die verstörten Bergler konnten nicht sehen, was sich weiter vorne abspielte. Jemand brüllte wie ein Marktschreier dauernd dieselben zwei Sätze durch den überfüllten Korridor. «Ich kann kein Wort verstehen», schnaubte Josef. Dann neigte sich das Schiff noch mehr. Die zurückgehaltenen Auswanderer waren nicht mehr in Schach zu halten. In einem Gewirr von Armen erreichten Josefine, ihr Ehemann und Aloisia mit Stossen und Schieben das nächsthöhere Deck. Das musste die erste Klasse sein. Sie schlossen sich den Vorbeieilenden an. Ein stämmiger Kerl raste voraus. Er zwängte seinen bulligen Körper die nächste Stiege hinauf, wurde jedoch von einem wachestehenden Matrosen unsanft zurückgeworfen. Wütend erhob er sich und rannte erneut die Treppe hinauf. Der Matrose verschloss rasch den Durchgang. Doch der Abgewehrte war ausser sich vor Wut. Er zertrümmerte, wie vom Wahnsinn getrieben, das klirrende Schloss und schlug sich dabei die Hände blutig.

Josefine hatte in diesem heillosen Durcheinander ihren Korb fallen gelassen. Sie wollte zurück, doch Josef riss sie einfach mit. Er drückte ihre Hand so stark, dass es schmerzte. Wo war Aloisia geblieben? Das Licht flackerte. Die Neigung des lecken Schiffs wurde immer bedrohlicher. Wo sollten sie bloss hingehen? Das orientierungslose Paar wurde angerempelt und unsanft zur Seite gestossen; es wusste nicht weiter. Die beiden versuchten es mit einer Rettungsleiter. Dieser Aufstieg befand sich in der Nähe der immer noch hell erleuchteten Fenster eines Bordrestaurants. Ein kümmerlicher Rest der für den nächsten Tag schon mit Porzellan und Silber gedeckten Tafel trotzte der Schräglage, doch bald zersplitterte und schepperte auch dieser Stück für Stück auf dem Boden: «Ein Speisesaal wie im Grand Hotel Adler. Aber einer, in dem nie mehr Gäste sitzen werden» – schoss es Josefine durch den Kopf.

Sie bewegten sich noch immer unterhalb des Decks mit den Rettungsbooten. Ein schauriges Knallen und Krachen, das Splittern von Glas, das Poltern der herabrutschenden Ladung schwollen zu einem ohrenbetäubenden Gewitter an. Ein Heulen wie bei einem Föhnsturm in den Bergen. Sie strauchelten durch die mit Gegenständen überfüllten Gänge, in denen es kaum mehr ein Durchkommen gab. Verzweifelt hielten sie sich aneinander fest. Josefine war völlig entkräftet, sie musste erbrechen. «Pomus mi, pomus mi», keuchte eine hysterische Frauenstimme. Das sterbende Schiff wurde plötzlich von einem Schlag getroffen, zitterte und begann eine aberwitzige Drehbewegung. Furcherregendes Gebrüll, verzweifelte Schreie, erbärmliches Stöhnen – ein Höllenlärm. In diesem Moment wurde Josefine klar, dass sämtliche Bemühungen aussichtslos waren. Der Tod hatte sich in der Nacht wie ein Dieb aufs Schiff geschlichen und übte nun sein gnadenloses Handwerk aus. Er hatte sie gepackt, schleppte sie mit, liess sie nicht mehr los und würde sie schon bald in ein dunkles Loch stecken, ganz tief unten im Ozean.

Donnernd sprengte ein Schwall eiskaltes Wasser aus der Tiefe an die Oberfläche empor. In brutalen Stössen drosch die Wasserlawine auf die Flüchtenden ein. Ein brachialer Sturm, der unter Deck wütete. «Josef, Josef!», keuchte Josefine, «hilf mir, bitte, bitte, hilf mir!» Mit heftigen Armbewegungen stemmte sie sich gegen das Ertrinken. Körper glitten an ihr vorbei, unter ihr hindurch, über sie hinweg. Verzweifelt versuchte sie, ihren Kopf über Wasser zu halten. «Josef, Josef», presste sie hervor. Sie wollte «Hilfe» schreien, bekam jedoch keine Luft mehr. Eine eisige Faust würgte ihren Hals. Mit letzter Kraft klammerte sie sich an ein Treppengeländer. Die Neunzehnjährige schaffte es, sich noch einmal in eine Luftblase zu zerren. Sie blickte, wie durch ein beschlagenes Fenster, in eine vergangene Zeit. Josefine formte ihren Mund zu einem stillen Gebet. Sie spuckte Wasser und Blut aus, dann versank sie in einem unergründlichen Blau. Ein Blau, das sie im letzten Hauch ihres Bewusstseins an die Kirche von Altdorf erinnerte – und an ihren Sohn, der zum Glück weit weg in Sicherheit war.

13

New York erfuhr am Morgen des 15. April von der Katastrophe. Fünf Tage später erschienen auf den Titelseiten der beiden Urner Zeitungen «Gotthard-Post» und «Urner Wochenblatt» umfangreiche Artikel über das tragische Ende der «Titanic». Auf diesem Weg erfuhr man auch in Altdorf vom Unglück und bangte um das Leben der drei Urner. Die besorgten Angehörigen versammelten sich zum Gebet. Auf dem *Gezig* war man überzeugt, dass die drei überlebt haben mussten, weil Josef als geübter Schwimmer bekannt war.

Die Hoffnung stirbt zuletzt: Erst am 25. April traf das Telegramm mit der Todesnachricht ein. Zwei Tage später berichtete die «Gotthard-Post»: «Die Trauerbotschaft, dass die auf der Titanic eingeschifften drei Personen aus Uri, Josef Arnold und Frau Arnold, geb. Franchi und Jungfrau Aloisia Haas untergegangen seien, ist nun bei den Angehörigen eingetroffen und hat ihren schwachen Hoffnungen ein schmerzliches Ende bereitet.» Am 28. April wurde in der Pfarrkirche in Attinghausen eine Gedenkfeier für die Verstorbenen abgehalten. Ein weiterer Gottesdienst fand am 5. Mai in Seedorf statt – in jener Kirche, in der sich Josefine und Josef im Mai 1911 ewige Treue versprochen hatten.

Mitte Mai 1912 wurde Zacharias Arnold auf der Poststelle in Seedorf eine Ansichtskarte und ein Couvert, das in Basel abgestempelt worden war, ausgehändigt. Die Vorderseite der Karte zeigte ein Schiff mit vier Kaminen. Auf der Briefmarke prangte der Kopf eines Königs. Gebannt folgten seine Augen den krummen Buchstaben, die Insektenbeinen glichen: «Ihr Lieben! Das grösste Schiff der Welt trägt uns sicher nach

Amerika. Wir sind sehr gut versorgt und werden jeden Tag
an Tischen mit Tischtüchern bedient. Schon bald sind wir in
Wisconsin. Herzlichst, Josef, Josefine und Aloisia.»

Zacharias riss den Brief auf, in dem sich ein Gepäckschein
der General-Agentur «Im Obersteg & Co.» befand. In einem
beigelegten Schreiben wurde angekündigt, dass ein Korb
und ein Koffer, Besitz von Josef und Josefine Arnold, in den
nächsten Tagen zum Bahnhof Altdorf geliefert würden. Das
Gepäck war aus Versehen im Hafen von Southampton liegen
geblieben. Zacharias steckte die Karte und den Brief sorgfältig ein, verabschiedete sich und machte sich auf den Weg
hinauf zum *Gezig*. Draussen warf die Sonne helle Farben an
die Berghänge – ein kräftiger Frühling kündete sich an.

OZEAN

Alles hat seine Zeit. Es herrscht ein stetes Kommen und Ge-
hen – Tage zerrinnen, Monate, Jahre, das Leben. Der Mensch
zieht seine Bahn; doch Anfang und Ende bleiben ihm ein
Geheimnis. Einzig die Natur, nur sie scheint in diesem uner-
bittlichen Lauf bestehen zu können. Der Gegenwart entrissen,
geformt in Jahrmillionen, der Vergänglichkeit abgerungen,
vermitteln Berge, Täler und Gewässer einen tröstlichen An-
schein von Beständigkeit.

Von der Quelle bis zum uferlosen Ozean hat der Zufall seine
mächtige Hand im Spiel. So wurde in der Nacht auf den
15. April 1912 der eiskalte Atlantik zum Grab für tausend-
fünfhundert Erfrorene und Zerschmetterte. Auch die drei
Urner, die losgezogen waren, um ein neues Leben zu begin-
nen, wurden – weit weg von ihrem heimatlichen Tal, fern von
ihrem angestrebten Ziel – in die Tiefe gerissen.

Nicht wenige derer, die lange Reisen auf sich nehmen, bilden
sich ein, es würde genügen, seine Heimat zu verlassen und
ferne Gestade aufzusuchen, um dort ein sicheres Glück zu
finden. Sie lassen Familie und Freunde zurück, vergessen
jedoch nie, was ihnen auf der Welt am teuersten ist. Sie ziehen
in die Ferne, verharren in ihren Gedanken jedoch dort, von
wo sie hoffnungsvoll aufgebrochen waren.

In Wisconsin soll es über 15 000 Seen geben, die oft bis in den
April in ihrem winterlichen Panzer erstarrt bleiben. Erst der
Frühling lässt zaghaft die goldenen Felder erblühen und die
Welt wird mit jedem Tag heller. Mächtige Flüsse nähren das
ergiebige Ackerland, bis dämmernd die Sommerabende über

den endlosen Wäldern liegen. Eine laue Brise streicht über die Kornblumen hinweg und wiegt sie hin und her, wie die Wellen über das Meer. Dann im Herbst wird die Kranichbeere geerntet. Die Farmer fluten ihre Felder und der künstlich erzeugte Wasserstrudel löst die Beeren von den Sträuchern. Da sie Luftkammern besitzen, gehen sie nicht unter und schwimmen an der Oberfläche, wo sie abgeschöpft werden und Frucht bringen.

Hochzeitsfoto
Josefine und Josef Arnold-Franchi
Mai 1911

IN MEMORIAM

Ruth Stampfli-Zurfluh
August Zurfluh-Welti
Augusta und August Zurfluh-Arnold
Schwester Marie Gebhard Arnold
Margrit Furrer-Indergand

sowie Josefine und Josef Arnold-Franchi
und Aloisia Haas

Es ergibt keinen Sinn,
einfach die Jahre zu zählen,
denn jedes einzelne Leben
besitzt seinen eigenen unvergleichbaren Wert.

TITANIC

Die «Titanic» wurde berühmt, als sie unterging. Die Nachricht von der Tragödie erreichte die Welt dank des neuen Mediums Funk rasch. Entsprechend konnte die «Neue Zürcher Zeitung» bereits am 15. April in ihrer zweiten Abendausgabe erstmals über den Untergang berichten. Das grösste Schiff der Welt sei auf eine Eisbank aufgelaufen und gesunken. Die «Virginian», von der der Funkspruch stammte, habe nur die Frauen gerettet. Doch einen Tag später war die Verwirrung komplett: Zusammen mit anderen Zeitungen meldete die NZZ in ihrem ersten Morgenblatt vom 16. April, dass das Unglück glimpflich ausgegangen sei und alle Passagiere die «Titanic» unverletzt verlassen hätten. Laut einer zuverlässigen Quelle habe die «Virginian» die «Titanic» ins Schlepptau genommen; eine andere Meldung besagte sogar, dass der havarierte Luxusliner das rettende Halifax aus eigener Kraft erreicht habe. Die Erleichterung über den positiven Ausgang des Unglücks währte nicht lange. Nur wenige Stunden später verkündete die zweite Abendausgabe der NZZ, dass die «Titanic» gesunken sei und ein Schiff mit lediglich rund 700 geretteten Frauen und Kindern an Bord in New York erwartet werde. Spätestens zu diesem Zeitpunkt wurde klar, dass ein Ereignis mit hoher Opferzahl zu befürchten war.

Am 20. April 1912 beschäftigte sich das Luzerner «Vaterland» mit der viel diskutierten Frage, warum zu wenig Rettungsboote auf dem Ozeandampfer vorhanden gewesen waren. In diesem Zusammenhang wurde in Luzern eine politische Interpellation eingereicht, bei der die Ausrüstung der Vierwaldstättersee-Dampfschiffe mit Rettungsbooten im Zentrum stand. In ihrem Antwortschreiben wies die Dampf-schiff-Gesellschaft des Vierwaldstättersees am 12. Juni nach-drücklich darauf hin, dass die Frage der Sicherheit der Schifffahrt in der Kompetenz des Bundes liege; im Übrigen halte man sich an die gesetzlichen Vorschriften, ja befolge sogar strengere Regeln.

Der Untergang des Meeresgiganten regte die Fantasie der Menschen an. Bereits einen Monat nach dem Untergang kam der erste «Titanic»-Film, «Saved from the Titanic», in die Kinos; als Starbesetzung wirkte die «Titanic»-Überlebende Dorothy Gibson mit.

NACHSATZ

Der Roman «Josefine und das Meer» beruht auf historischen Fakten. Josefine Arnold-Franchi, geboren am 17. August 1893 in Altdorf, und ihr Ehemann Josef Arnold-Franchi, geboren am 24. März 1887 in Seedorf, schifften am Morgen des 10. April 1912 in Southampton in der dritten Klasse nach New York ein. Begleitet wurden sie von Josefs Cousine Aloisia «Louise» Haas, geboren am 14. Februar 1888 in Altdorf, die auf dem Weg nach Chicago war. Ihre Überfahrt nach Nordamerika, wo in Wisconsin bereits eine Schwester und zwei Brüder von Josef eine neue Existenz aufgebaut hatten, sollte eigentlich auf einem der regelmässig verkehrenden Linienschiffe erfolgen. Von der Transport- und Auswanderungsagentur «Im Obersteg & Co.» wurden die Urner Auswanderer kurzfristig in Kenntnis gesetzt, dass sie aufgrund eines Bergarbeiterstreiks in England – und der daraus resultierenden Kohleknappheit – auf ein anderes Schiff umgebucht worden waren: die RMS Titanic.

Die drei Urner starben in den frühen Morgenstunden des 15. April 1912 im eiskalten Wasser des Atlantischen Ozeans; ihre Leichen konnten nicht geborgen werden. Josef junior, der in der Heimat zurückgelassene Sohn, verbrachte seine ersten Lebensjahre bei seinen Grosseltern Karolina und Zacharias Arnold auf der Alp *Gezig*. 1944 heiratete er die Witwe Ida Vogler-Amstutz. Er war als Monteur in Zug tätig und pachtete später ein Restaurant. Josef Arnold starb am 23. November 1973 in Baden.

Die Hinterbliebenen erhielten für das «Familienoberhaupt» Josef Arnold eine Abfindung von 500 Franken und zusätzlich eine Zahlung aus dem *Lord Mayor's Mansion House Fund* im Umfang von 150 englischen Pfund. Gesamthaft kamen so 4302 Franken zusammen. Die Familie von Aloisia erhielt rund 2200 Franken. Vater Franz Haas strebte eine Klage gegen die White Star Line an, der damalige Vizekonsul, Dr. Henry Escher, riet ihm jedoch davon ab.

Von den 27 Schweizerinnen und Schweizern an Bord überlebten 15 den Untergang nicht. Albert Wirz, Leo Zimmermann, Maria Kink und Vinzenz Kink ertranken ebenfalls im Meer vor Neufundland. Luise, Anton und ihre kleine Tochter Luise Gretchen Kink überlebten als einzige Familie der dritten Klasse. Luise Gretchen starb am 25. August 1992 in Milwaukee, Wisconsin. Sie hinterliess vier Kinder, 17 Grosskinder und 14 Urgrosskinder.

Familie Arnold auf dem *Gezig* mit Josef jun. bei Grossvater Zacharias.

GLOSSAR

DANK

Ohne meine Grossmutter, Augusta «Guschti» Zurfluh-Arnold, wäre dieser Roman nie zustande gekommen. Sie hatte mir schon früh von unseren Vorfahren erzählt, die auf der «Titanic» ums Leben gekommen waren. Ein doppelseitiger Bericht in der Urner Wochenzeitung «Gotthard-Post», veröffentlicht im April 1987 zum 75. Jahrestag der Katastrophe, verstärkte mein Interesse. Ich wollte mehr über diese tragischen Begebenheiten erfahren. Ich fand in meiner Grosstante, Schwester Marie Gebhard Arnold, 31 Jahre lang Lehrerin in Gurtnellen-Dorf und Urner Heimatdichterin, eine kompetente Gesprächspartnerin. Sie war die Nichte von Josef und Josefine Arnold-Franchi. Dank ihrer Unterstützung erschien 2012 in der Perlen-Reihe des Knapp Verlags die Erzählung «Weggeschwemmt» (2. Auflage 2013). Der vorliegende Roman baut auf dieser Version auf; ich habe den Text jedoch umfassend überarbeitet und ergänzt.

Eine unverzichtbare Hilfe bei den Recherchen war Günter Bäblers «Reise auf der Titanic» (Chronos 1998), das Schweizer Standardwerk zur «Titanic»-Geschichte. Als Anregung dienten mir weiter: «Ich geh nicht ohne dich. 13 Hochzeitspaare auf der Titanic» von Gill Paul (Gerstenberg 2013) und «Endstation Eismeer» des Luzerner Schriftstellers Stefan Ineichen (Limmat 2011). Den irischen Heizer John Coffey habe ich dank «The Irish Aboard Titanic» (Mercier Press 2002) kennengelernt. Ertragreiche Quellen waren auch das «Neue Urner Mundart Wörterbuch» von Felix Aschwanden (Kantonsbibliothek 2013) und «Uri damals. Fotografien und Zeitdokumente 1855–1925» (Gamma 1984) von Karl Iten.

Ein grosses Merci geht an die Mitarbeiterinnen und Mitarbeiter der Kantonsbibliothek Uri, an den Journalisten Michael Hug, an den Urner Schauspieler Werner Biermeier und die Buchhändlerin Lucrezia Cadegt. Herzlich bedanken möchte ich mich auch bei meiner Lektorin Petra Meyer und meinem treuen Verleger Thomas Knapp.

RETO STAMPFLI, geboren 1969 im solothurnischen Etziken am Tag
der Mondlandung, wohnt und wirkt in Solothurn. Er studierte Philosophie,
Germanistik und Theologie. 2021 erschien von ihm – zusammen
mit Pedro Lenz – das Weihnachtsgeschichtenbuch *Post aus Barcelona.*
Frühere Werke: *Tatsächlich Solothurn* (2009, vergriffen), *Die Schwiegermutter des Papstes* (2012), *Weggeschwemmt* (2013), *Heimatland
Wasseramt* (2014, vergriffen) und der Roman *Affengeist* (2019).

Reto Stampfli
Die Schwiegermutter des Papstes
Gebunden, 110 × 175 mm
ISBN 978-3-905848-57-1

Reto Stampfli
Affengeist
Paperback, 135 × 215 mm
ISBN 978-3-906311-61-6

Pedro Lenz / Reto Stampfli
Post aus Barcelona
Wienachtsgschichte
in Mundart und Hochdeutsch
Gebunden, 135 × 175 mm
ISBN 978-3-906311-90-6